AF500204

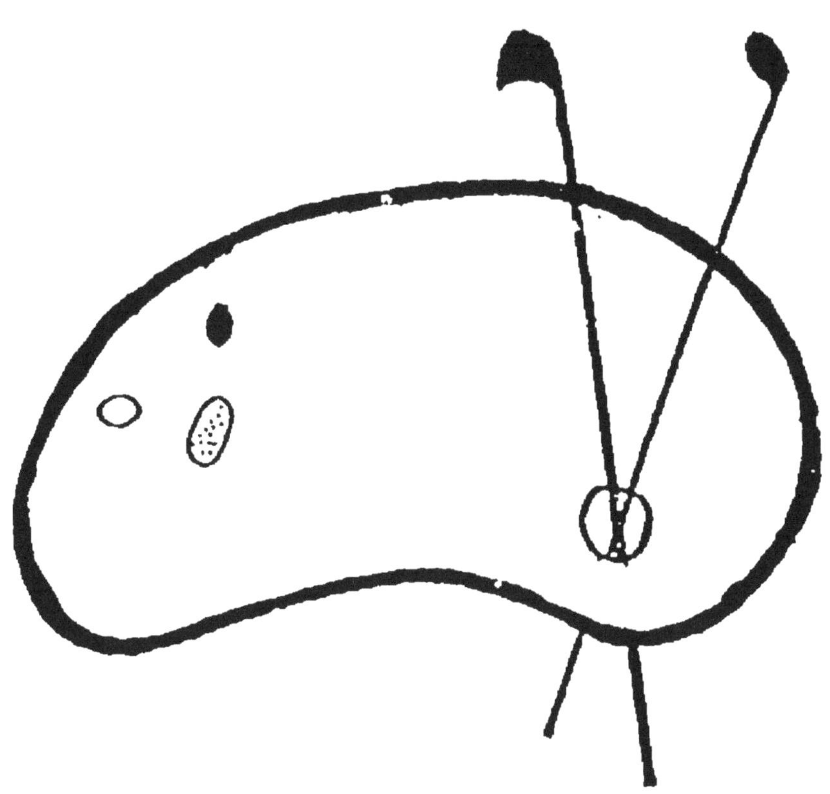

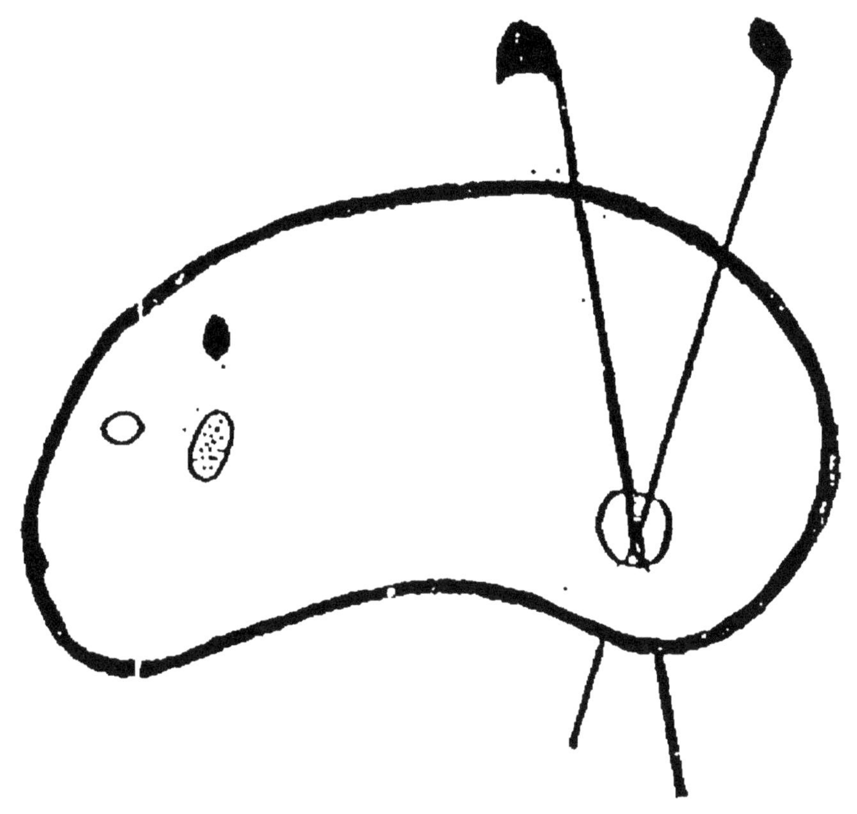

FIN D'UNE SERIE DE DOCUMENTS
EN COULEUR

CONSEILS

ET INSTRUCTIONS

AUX DEMOISELLES

1re SÉRIE GRAND IN-8°.

CONSEILS

ET INSTRUCTIONS

AUX DEMOISELLES

POUR LEUR CONDUITE DANS LE MONDE

PAR Mme DE MAINTENON

ÉDITION REVUE

PAR E. DU CHATENET.

LIMOGES
EUGÈNE ARDANT ET Cie, ÉDITEURS.

NOTE SUR CETTE ÉDITION.

Tout le monde sait l'intérêt de madame de Maintenon pour sa royale maison de Saint-Cyr ; ses biographes constatent que les quarante dernières années de sa vie furent consacrées presque exclusivement à l'éducation des *demoiselles* que sa munificence y entretenait, sous la direction d'une communauté religieuse. Cette préoccupation toute chrétienne est d'ailleurs restée sa gloire la plus aimée et la plus pure.

Elle parlait, elle écrivait sans cesse. Combien d'avis pour ses classes *jaune, verte, bleue,* etc. ! Que de lettres à ses protégées au fur et à mesure de leur sortie du pensionnat !

Eh bien ! c'est uniquement parmi ces nombreuses pages destinées à la culture de l'intelligence et du cœur des jeunes personnes, que notre comité a fait un triage ; triage absolument nécessaire, soit à cause de la disproportion des âges auxquels la digne fondatrice s'adressait, soit à cause de la différence des habitudes de jeunes filles élevées près du palais de Louis XIV de celle des familles beaucoup moins aristocratiques de notre XIXe siècle.

Tels sont les *Extraits d'Instructions*, de *Proverbes*, etc., qui, revus ici avec soin, doivent procurer aux mères, aux institutrices et à celles qu'elles aiment, des sujets d'études, d'édification ou d'utiles délassements.

CONSEILS ET INSTRUCTIONS

AUX DEMOISELLES

AUX DEMOISELLES

QUI DOIVENT RETOURNER DANS LE MONDE.

On tâche, dans l'éducation qu'on vous donne à Saint-Cyr, de vous faire de vraies chrétiennes, et c'est la seule fin de l'institut de cette maison, et l'intention du roi qui l'a fondée.

Mais le grand nombre de filles à peu près du même âge et de même naissance fait encore qu'elles vivent entre elles dans une grande liberté, et qu'elles ne se forment point assez dans les égards qu'on se doit les uns aux autres dans le commerce du monde et même dans les couvents; c'est ce qui m'oblige de vous dire quelque chose de ce que mon expérience peut m'avoir appris, et que je désire de tout mon cœur qui puisse vous être utile, ma tendresse pour vous n'étant point renfermée dans le cloître de Saint-Cyr.

Vous croyez peut-être, mes chères filles, que vous êtes élevées dans une grande contrainte; en effet, il est impossible qu'il n'y en ait point du tout, mais vous verrez un jour que la contrainte de Saint-Cyr est bien douce en comparaison de celle du monde.

Les fautes, à Saint-Cyr, sont punies par des corrections de mères envers leurs enfants, et celles qu'on fait dans le monde le sont quelquefois par la perte de sa réputation.

Mais la contrainte où vous êtes élevées n'est pas encore assez grande si elle ne vous rend pas assez timides. La timidité, mes chères filles, est votre unique sauvegarde; vous êtes perdues si vous êtes hardies : que celles qui seront assez malheureuses pour retourner dans le monde cherchent leur sûreté dans la fuite et dans la solitude.

Montrez-vous le moins que vous pourrez, fuyez plus que la mort le moindre commerce avec les hommes, et que si vous vous y trouvez de nécessité, que ce ne soit jamais qu'en compagnie d'honnêtes femmes; tremblez dans cette occasion, taisez-vous, soyez modestes, ne songez point à montrer de l'esprit; il y en a plus à se taire à propos qu'à parler, et il se marque plus par la conduite que par la conversation

Les jeunes personnes se font une honte d'être timides et s'imaginent qu'on leur croira peu d'esprit et qu'on dira qu'elles ne savent pas se démêler dans le monde. La meilleure manière de s'y démêler pour les personnes de notre sexe, c'est d'y être embarrassées, de le craindre, d'y parler peu et de le quitter le plus tôt qu'on peut. Ne vous fiez point à vos bonnes inclinations, à l'éducation que vous avez reçue, à l'éloignement que vous sentez pour le mal; fuyez, c'est la seule sûreté pour vous. Les femmes qui se déshonorent n'ont point résolu de se déshonorer : elles y ont été conduites peu à peu, et ont commencé par des choses qui leur paraissaient innocentes.

L'amour du plaisir, l'attachement à sa personne, qu'on veut parer, et l'envie de se distinguer, voilà ce qui perd les femmes; vous courez risque d'être de ce nombre si vous craigniez trop de vous ennuyer, et si vous ne préférez le soin de votre réputation à tous les plaisirs ; n'en prenez jamais qu'avec les plus grandes précautions : la meilleure est d'y aller rarement.

Ne soyez point honteuses d'être simplement vêtues, vous en serez bien plus parées et plus estimées que si vous receviez les moindres présents pour vos ajustements ; n'en recevez jamais des hommes sous quelque prétexte que ce soit ; on s'insinue par là. Comment, dans la suite, refuserez-vous de parler à un homme de qui vous aurez reçu quelque chose ?

Si votre mauvaise fortune vous met hors d'état d'être habillées comme les autres, jetez-vous dans l'extrémité opposée, et vous mettez dans une si grande simplicité qu'on voie que vous ne faites pas toute la dépense que vous pourriez faire, et que vous avez le courage de vous mettre au-dessus des faiblesses de votre sexe, ou du moins de prendre le parti convenable à votre pauvreté. Renoncez à l'envie d'avoir ce qui s'appelle du mérite dans le monde ; cette sorte de mérite n'est autre chose qu'un peu d'esprit qui fait connaître ce qu'il faut faire pour s'attirer des louanges, et beaucoup d'orgueil qui nous fait désirer d'être dans l'esprit des hommes au-dessus des autres

Cette idole qu'on se fait de soi-même excite la jalousie de Dieu qui, pour l'ordinaire, la renverse par de grandes humiliations ; je voudrais que la charité pût me permettre de vous dire jusqu'où l'orgueil a fait tomber quantité de jeunes personnes qui semblaient aussi bien nées que vous pouviez l'être.

Il n'y a de vrai mérite ni de véritable vertu, mes chères filles, que celle qui est fondée sur la religion, sur la défiance de soi-même, sur la fuite des occasions et sur un recours continuel à Dieu ; et, pour la conduite extérieure, on ne peut trop vous dire que le meilleur conseil qu'on peut vous donner est d'aimer la retraite, et de n'en sortir jamais qu'avec des personnes d'une vertu reconnue.

CONSEILS AUX DEMOISELLES DE SAINT-CYR,

POUR LEUR CONDUITE DANS LE MONDE.

1698.

On m'ordonne, mes chers enfants, d'écrire quelque chose pour celles d'entre vous qui serez assez malheureuses pour retourner dans le monde, n'ayant point de vocation pour la religion (1). J'appelle celles-là malheureuses parce qu'elles auront plus de difficultés à se sauver et plus de peines pour les affaires temporelles dont les religieuses sont plus éloignées. Mais puisque Dieu a voulu sanctionner tous les états, il faut vous dire par quels moyens vous pouvez le glorifier dans celui du mariage, s'il vous y appelle.

Vous éprouverez dans cet état combien l'obéissance de Saint-Cyr est douce en comparaison de celle qu'il faut avoir pour un mari, dont il faudra étudier l'humeur et les volontés pour aller au-devant de tout ce qu'il peut désirer.

Cependant, votre devoir sera de lui obéir en ce qui ne sera pas un péché, et c'est à quoi votre salut est attaché; vous devez regarder votre mari comme votre maître; vous devez l'aimer, le respecter, le servir, c'est l'arrêt de Dieu. Il faut lui faire aimer la piété par la douceur et la droiture de la vôtre. Qu'il vous trouve toujours gaie, soumise, occupée de lui, toujours prête à souffrir ses bizarreries, et ne le faisant point souffrir des vôtres.

Que vos prières soient plus ou moins longues, selon son goût; vous prierez parfaitement par cette complaisance.

(1) La religion, c'est-à-dire la vie en communauté religieuse.

Mais qu'il vous voie fidèle à Dieu ; vous n'en aurez pas moins de besoin que pour soutenir la vocation religieuse. Les malheurs du monde, les peines du mariage vous accableront si Dieu ne vous soutient, et il ne vous soutiendra pas si vous cessez de le servir.

L'obéissance pour votre mari est le premier devoir du mariage, l'éducation des enfants le second. Ayez soin de vos enfants avant qu'ils soient au monde, et ne hasardez pas leurs âmes par des indiscrétions, dès que vous êtes grosses. Offrez-les à Dieu et n'oubliez rien pour les rendre de véritables chrétiens ; rendez-leur l'éducation que vous avez reçue ; préparez-vous aux chagrins qu'ils vous donneront, car ils exerceront votre patience de toutes façons. S'ils répondent à vos soins, louez Dieu ; s'ils n'y répondent pas, attendez-les et les traitez avec douceur. Instruisez votre petit domestique : c'est encore un de vos devoirs...

SUR LES AMITIÉS DANS LE MONDE,

ET LA PERFECTION QU'UNE CHRÉTIENNE Y PEUT ATTEINDRE.

1698.

« Je ne puis m'empêcher, nous dit un jour Madame, d'être fort surprise et bien fâchée de voir que l'amour du monde règne tant ici, que vous en soyez si occupées, que vous en parliez si souvent et que vous fassiez tant de sortes de projets pour le temps où vous sortirez de la maison. Dans ma jeunesse, on me mit dans un couvent d'Ursulines, où toute chose n'était pas réglée comme ici ; cependant nous n'y parlions point du monde : on n'y pensait même pas. »

Une maîtresse dit à Madame : « Mes filles ont toujours dans l'esprit qu'elles auront beaucoup de plaisir dans le monde. » — Madame reprit : « Eh ! ne leur ai-je pas dit qu'il n'y aurait pas de monde pour elles, non plus que de plaisir. » La maîtresse ajoute : « Ce n'est pas tant des grands plaisirs qu'elles désirent qu'un certain épanchement de cœur, une liberté de dire à ses amies ce qu'on pense, et une société douce et aimable. — Et où trouveront-elles de ces sortes d'amies? dit Madame. Croient-elles avoir à choisir entre cinquante ou soixante personnes, comme ici? Non, mes enfants, on ne choisit point la société dans le monde, et on en change même souvent. Qui aurait dit, par exemple, il y a dix ans, que je quitterais mes anciennes amies et que je me verrais privée de leur société? que madame la duchesse de Bourgogne, passant des journées dans ma chambre, m'associerait toutes les dames du palais? que madame la comtesse d'Estrées et moi irions de pair, que je l'aurais presque toujours à mes côtés? je la respecte fort, mais vous m'avouerez qu'elle ne me convient guère. Je la nomme plutôt que d'autres à cause de sa grande jeunesse. Pour cet épanchement de cœur que vous vous promettez, je ne sais avec qui vous pourrez l'avoir : c'est tout au plus si vous trouverez une sœur qui pense comme vous et à qui vous puissiez parler en confidence; encore sera-ce beaucoup, et pour une personne qui vous aimera, vous en aurez cent autres qui vous feront de la peine. Vous trouverez peut-être un beau-père et une belle-mère qui ne vous pourront supporter et avec qui pourtant il faudra vivre. Je crois que vous ne voudriez pas avoir cet épanchement avec votre servante, et où trouverez-vous d'autres gens dans votre campagne? D'ailleurs quand il y en aurait à qui vous pourriez vous confier, il faudrait l'éviter par principe de christianisme, parce que c'est toujours une occasion d'offenser Dieu. Je me souviens d'avoir éprouvé cela avec madame de Montchevreuil, que j'aimais fort. Un jour que nous parlions ensemble et que nous raillions d'une personne sur une chose qu'elle avait faite : c'était une bagatelle; je ne pus m'empêcher de lui dire avec la liberté que me donnait notre amitié : « Vous êtes pour moi, Madame, la personne du monde la plus dangereuse, parce que je vous dis tout ce que je pense et qu'il se trouve souvent que ce sont des choses contre la charité. » Quand on est en compagnie, la prudence fait qu'on se rend attentif à ses paroles et qu'on ne se fie pas à tout le monde; mais en particulier on ne garde aucune mesure. Ces réflexions vous paraissent peut-être bien sérieuses et vous semblent convenir à mon âge; cependant je les trouvai l'autre jour en madame la duchesse de Bourgogne, qui est toute jeune. Vous savez qu'elle m'appelle sa tante. Elle me dit : « Ma tante, quand je suis avec mes dames, je pense à ce que je dirai pour ne point faire de fautes, et ordinairement j'en fais peu; mais il y a quelques jours qu'il m'en resta deux que j'aime beaucoup; nous parlions fort librement et je me surpris à dire des choses contre la charité. » Je lui répondis que j'étais ravie de trouver en elle ces réflexions, et je ne doute pas que Dieu ne fasse quelque chose de grand de cette princesse qui, à son âge, a la conscience si tendre et une piété si solide. Les gens du monde ne savent ce que c'est que la charité; ils ne connaissent qu'une calomnie ou une grosse médisance. Cependant il n'y a rien de si aisé à blesser que la charité, et rien par conséquent sur quoi il faille faire tant d'attention. »

Madame demeura quelque temps sans rien dire, et regardant une maîtresse qui était novice et prête à faire profession, elle nous dit : « N'avez-vous pas bien envie de tenir le drap mortuaire de ma sœur de...? » Nous lui répondîmes que nous l'avions toutes retenu et que nous le désirions fort. « Je le désire fort aussi, dit Madame, et je crois que vous chanterez bien volontiers le *De profundis*. » Nous répondîmes que nous chanterions encore mieux le *Te Deum*.

Madame reprit : « Il paraîtrait en effet plus convenable en cette occasion ; mais pourquoi un *De profundis* en cette cérémonie ? » Une de nous répondit que c'était pour marquer que par la profession on meurt au monde. « Vous avez raison, dit Madame ; la profession est une mort, mais une bonne mort qui dispose à celle qui doit conduire à l'éternité. » La novice dit : « Madame, si tout le monde en connaissait les avantages, il y aurait bien plus de gens qui s'engageraient dans la religion, car c'est une mort bien douce, par laquelle on jouit d'une heureuse vie. » Une autre maîtresse dit : « Madame, ce qui fait qu'il y a si peu de vocation parmi les demoiselles, c'est qu'elles ont une fausse idée de la religion ; elles s'imaginent qu'on y trouve plus d'occasions de péchés que dans le monde. — Il faut, reprit Madame, qu'elles soient dans une grande erreur. Les occasions qu'on a dans le monde sont plus fréquentes, plus considérables et conduisent à de très grands crimes. » La maîtresse continuant, dit : « Elles croient que les moindres fautes sont des péchés pour les religieuses et qu'elles pourront faire mille choses dans le monde qui seraient pour elles des péchés en religion. — C'est justement, reprit Madame, parler en filles qui n'y veulent jamais entrer. Nous serions bien à plaindre si les hommes pouvaient faire des règles qui obligeassent sous peine de péché. Eh ! ne le fait-on pas déjà assez !

La maîtresse dit : « Si je ne craignais de vous incommoder, Madame, je vous ferais encore une question : c'est sur la perfection où doit tendre une chrétienne dans le monde. » Madame, s'adressant à une demoiselle, lui demanda : « Qu'est-ce que Notre-Seigneur dit sur cela dans l'Evangile ? » Elle répondit qu'il nous marque d'être parfaits comme le Père céleste est parfait. « A qui dit-il cela ? reprit Madame. — Aux Apôtres, dit la demoiselle, et en leur personne à tous les chrétiens. — Vous voyez bien, mes chers enfants, dit Madame, que ce n'est pas aux religieuses seules que ces paroles sont adressées et de qui il demande cette perfection. Dieu ne demande point, mes chers enfants, que tout le monde soit dans la religion, qui est l'état le plus parfait; il veut qu'il y ait des gens mariés, d'autres point du tout engagés, mais il veut cependant que chacun soit parfait dans l'état qu'il a embrassé. Une maîtresse dit à Madame : « Elles disent qu'elles ne voudraient pas faire de grands maux, mais qu'elles ne regarderaient pas de si près aux petites choses. — Voilà, dit Madame, ce que je ne comprends point : il faut n'avoir nulle envie de faire son salut et être tout-à-fait privé d'amour de Dieu pour être dans ces sentiments; c'est comme si on disait : je ferai tout le mal que je pourrai faire sans cependant me damner. Si deux d'entre vous étaient grandes amies et que l'une des deux fît son possible pour désobliger et faire de la peine à l'autre, sans cependant aller jusqu'à se brouiller et rompre entièrement avec elle, mais qu'elle n'oubliât rien pour lui causer des chagrins, que diriez-vous de cette amitié? La trouveriez-vous bien véritable? » Nous répondîmes que non. La maîtresse dit : « Elles prétendent que c'est assez d'éviter le mal sans faire le bien. — Est-il possible, reprit Madame, que des filles aussi bien instruites que vous l'êtes, puissiez être dans ces sentiments? Ne savez-vous pas qu'il y a deux parties à la justice chrétienne : l'une de fuir le mal, et l'autre de faire le bien, et que la seconde partie est aussi absolument nécessaire que la première? Quand on aime Dieu, comme tout chrétien y est obligé, on ne se contente pas de fuir ce qui est défendu, mais on embrasse de bon cœur ce qui est ordonné, et encore tout ce qui peut plaire à Dieu. L'amour fait tout embrasser : rien ne paraît difficile. »

SUR LES DEVOIRS D'UNE DAME DE PAROISSE.

1698.

Madame de Gruel pria madame de Maintenon de parler aux demoiselles de sa classe sur les devoirs d'une dame de paroisse. « C'est une matière, dit-elle, dont je ne puis bien les instruire, parce que je n'en ai aucune expérience; cependant la plupart peuvent en avoir besoin, plusieurs peuvent le devenir. — Il n'est pas tout-à-fait aisé, dit Madame, de donner sur cela des règles générales, parce que dans chaque condition, outre les obligations de l'état, on a encore à remplir les desseins particuliers de Dieu; par exemple, je me trouve dans ce cas : je vais rarement à ma paroisse parce que je me suis chargée de Saint-Cyr, que j'y suis nécessaire pour le bien que Dieu veut que j'y fasse, soit aux dames, soit aux demoiselles; sans cela j'irais toujours assurément, car une des principales obligations des bons chrétiens est d'assister aux services, instructions et offices qui se font en sa paroisse; mais ne pouvant y aller moi-même par la raison que je viens de dire, j'ai soin d'y envoyer mes domestiques, et je me fais rendre compte s'ils y sont exacts, car l'Église, qui nous oblige d'entendre la messe sous peine de péché mortel, ordonne aussi d'aller à la grand'messe et au prône au moins une fois en trois semaines, c'est-à-dire de trois dimanches l'un; mais les personnes pieuses ne s'en tiennent pas là, et y vont toutes les semaines s'il leur est possible; et quand on est logé si loin de l'église qu'il est impossible que toute la maison y aille, on a soin du moins que chacun à son tour satisfasse à son devoir une fois en trois semaines. — Et à l'égard des pauvres de ses terres? reprit la maîtresse. — Ce sont, répondit madame de Maintenon, les premiers pauvres qu'il faut assister, après cependant ceux de vos proches qui en auraient besoin. Mais pourquoi croyez-vous qu'on soit obligé d'assister les pauvres de ses terres préférablement aux autres? Parce que c'est sur eux et par eux ordinairement qu'on a les revenus de son bien, et qu'il est juste de les assister. Il y a de pieuses dames de paroisse qui prennent soin des malades, qui leur portent ou leur font porter du bouillon et autres soulagements; cela est fort bien; il y en a d'autres qui leur envoient ce qui reste sur leur table, afin que rien ne soit perdu; mais comme plusieurs d'entre vous ne seront pas en état de faire de grandes aumônes, il faudra au moins qu'elles en fassent de petites, selon leurs moyens : comme de les aller voir, les consoler, les instruire, leur donner de bons conseils et choses semblables dont on trouve assez d'occasions quand on a bonne volonté. C'est encore un devoir du Seigneur de prêter la main au curé pour arrêter les désordres : par exemple, si dans un village le désordre y était; si au lieu d'entendre la messe les dimanches, on allait au cabaret; si au lieu d'aller à vêpres, on passait ce temps en danses et en jeux. Le curé ne manque pas de défendre ces choses-là, mais souvent il n'est pas obéi, on fait peu de cas de ses ordres; quand cela est, le seigneur doit l'appuyer, avertir les officiers de la justice, faire punir ceux qui ne veulent point se soumettre et qui s'obstinent dans leur désobéissance et scandalisent la paroisse en soulevant les autres, ou en quelque autre manière que ce soit.

» Mais revenons à l'aumône : il me semble que je ne vous en ai pas dit assez sur cet article, et je crains que vous n'en soyez pas suffisamment instruites, quoique je sache bien que vous y paraissez toutes portées présentement, et que vous ne parlez des pauvres qu'en compassion, et avec un vrai désir, à ce qui semble, de les pouvoir soulager. Mais peut-être changerez-vous bien de dispositions et de sentiments quand il faudra donner de ce qui vous appartiendra, et retrancher un peu de vos commodités pour vous acquitter de ce devoir de notre religion; le croyez-vous d'une obligation absolue, dites-le franchement, Chabot? — Oui, Madame, dit la demoiselle, je crois que l'aumône est de nécessité de vertu, et qu'il faut faire comme le père de Tobie disait à son fils : donner beaucoup si on a beaucoup, et peu si on a peu, mais qu'il faut toujours donner. — Votre réponse me ravit, ma chère fille, répondit madame de Maintenon, il n'y a rien à y ajouter : pratiquez ce que vous savez et vous serez sauvée. Que celles d'entre vous qui seront pauvres elles-mêmes ne se croient pas pour cela dispensées de faire l'aumône selon leur petit pouvoir; qu'elles donnent peu à la fois, mais qu'elles ne laissent pas de donner; je vous assure que Dieu leur saura plus de gré de ce peu qu'elles donneront, et qu'elles prendront peut-être sur leur nécessaire, qu'aux riches de leurs plus abondantes aumônes, car il ne regarde pas tant à la grandeur de nos actions qu'aux intentions avec lesquelles nous les faisons. Donnez-moi un exemple de cette vérité tirée de l'Evangile, Dormoy? — Madame, dit la demoiselle, Jésus-Christ promit qu'un verre d'eau donné à un pauvre pour l'amour de lui ne sera point sans récompense, et il eut plus agréable l'obole de la pauvre veuve que les grandes aumônes des riches. — Et pourquoi cela? reprit madame de Maintenon. — A cause, dit la demoiselle, de sa bonne volonté, et qu'apparemment elle aurait voulu donner davantage. — C'est non-seulement pour cela, reprit madame de Maintenon, mais parce qu'elle avait donné de son nécessaire, et que tous les autres n'avaient donné que de leur superflu. Y a-t-il rien de plus consolant que cela, mes chers enfants, pour tous ceux qui ne sont pas en état de pouvoir donner beaucoup? En effet, si Dieu récompense si magnifiquement les aumônes des riches, et si comme Daniel disait à Nabuchodonosor, qui était un si méchant prince, qu'il pouvait racheter ses péchés par l'aumône, quelles grâces ne vous fera-t-il pas quand, pour son amour et pour obéir à sa loi qui nous oblige d'assister notre prochain dans ses besoins, vous le ferez de ce que vous aurez retranché de vos propres besoins? ou sur vos commodités et vos plaisirs, épargnant, par exemple, quelques aunes de ruban, tantôt quelques paires de gants, quelques dentelles, quelques douceurs ou agréments que vous pourriez vous procurer? tout cela sera écrit au livre de vie, et vous en recevrez le centuple peut-être même dès cette vie. »

DE LA BONNE RÉPUTATION.

PEINES DU MARIAGE, ET COMMENT IL FAUT LES SUPPORTER.

1702.

Madame dit un jour, à l'occasion de M. de La Lande, qui venait de mourir : « Vous ne sauriez croire, mes chers enfants, tout le bien que l'on dit de madame de La Lande, et combien elle a été louée à Marly, d'où je viens; le roi lui-même en a fait un très grand éloge. Vous voyez par là que ce qui fait louer une personne n'est pas d'avoir de beaux habits, et bien des rubans sur la tête; que ce n'est point non plus d'être fort riche, ou d'avoir un grand esprit. Madame de La Lande est une simple demoiselle de Saint-Cyr, qui a épousé un gentilhomme qui n'était point riche, et elle n'est point d'un rang assez distingué pour que le roi veuille bien parler d'elle comme il le fait; d'où vient donc cela? De son mérite et de sa bonne conduite; c'est une femme qui depuis six ou sept ans qu'elle est mariée, a toujours souffert, car elle a mené une vie fort triste, ayant épousé un homme d'une dévotion fort sévère et fort mélancolique, en un mot d'une dévotion qui n'était pas réglée par l'esprit de saint François de Sales; c'était un nouveau converti : il ne voulait pas qu'elle prît les plaisirs les plus innocents, craignant qu'il n'y eût du mal; il était fort retiré et la tenait très renfermée. Elle s'est accommodée à tout cela, a tourné sa dévotion selon le goût de son mari, ne sortant jamais d'une chambre deux fois grande comme les cellules de vos maîtresses; voilà comme elle a passé les quatre premières années de son mariage. Ensuite son mari est devenu malade, elle l'a servi sans le quitter, principalement depuis deux ans qu'il est empiré; il y a quatre mois qu'elle ne s'est couchée parce qu'il ne pouvait se passer d'elle. Quelquefois il la renvoyait par de petites bizarreries dont les malades ne sont pas exempts, puis si elle tournait la tête, il se plaignait qu'elle l'abandonnait. Il fallait qu'elle fût toujours là à l'entendre faire des cris épouvantables, à sentir une odeur à faire crever; car un de mes gens que j'y voulais envoyer l'autre jour, et qui est plein d'affection, me dit : Madame, jusqu'ici j'y ai été deux fois le jour, mais, en vérité, je n'y puis plus aller, je m'en trouve mal, on n'y peut durer par la mauvaise odeur. Il ne voulait pas, le pauvre homme, qu'on ouvrît un volet, craignant que cela ne lui fît mal, ce qui pouvait bien être vrai. Voilà l'état où était madame de La Lande : il n'est pas, comme vous voyez, fort agréable; cependant elle ne s'en est jamais plainte à personne, pas même à moi; non, elle ne m'a jamais dit qu'elle souffrît rien, quoiqu'elle me l'eût bien pu dire; elle a pris tout cela sur elle, s'est renfermée encore toute jeune et bien faite de sa personne, et s'est passée de toutes sortes de plaisirs, car depuis qu'elle est mariée elle n'en a jamais eu d'autre que de venir quelquefois ici avec moi; voilà ses grands divertissements. Si madame de La Lande ne s'était pas bien conduite, qu'elle n'eût été occupée qu'à se divertir, qu'elle eût laissé là son mari, on ne parlerait pas d'elle comme on le fait à présent; mais comme on sait la vie qu'elle a menée du vivant de son mari, on l'estime, on la choie, et il n'en faut pas davantage pour la faire admirer, et pour faire dire à tout le monde : Mon Dieu! que cette femme-là est estimable, qu'elle a de mérite! Assurément, si quelqu'un veut être heureux, il l'épousera.

Une maîtresse dit à madame de Maintenon : « Il me semble que voilà ce qui s'appelle une bonne réputation. — Oui, dit madame de Maintenon, vous voyez ce qui lui en a coûté Il faut aussi qu'il vous en coûte, mes chers enfants; comptez que personne n'a jamais établi sa réputation en se divertissant; c'est un grand bien, mais il coûte cher. La première chose qu'il faut sacrifier pour sa réputation, c'est le plaisir; on ne saurait trop vous dire cela, à vous autres qui ne savez pas vous en passer. Vous êtes bonnes à aller dans un carrosse pour vous réjouir et pour tenir compagnie, mais cela ne suffit pas; il faut savoir rendre service, il faut savoir s'ennuyer et se passer de divertissements. On me dit l'autre jour que Mademoiselle de... avait peur de M. de La Lande, et qu'elle avait de la peine à aller auprès de lui; je lui dis d'un air bien sec : « Mademoiselle, vous n'êtes donc propre qu'à aller à Marly et à partager les plaisirs de vos amis? Il faut apprendre autre chose, il faut savoir les servir et les consoler : allez-vous-en auprès de madame de La Lande. » Elle aurait dû me le demander avec empressement, et me prier de la laisser quitter Marly pour l'aller consoler, car étant amies comme elles le sont, elle aurait dû ne la pas quitter et pleurer avec elle, s'ennuyer avec elle; il aurait fallu s'attrister avec elle. Voilà ce qu'on doit faire pour ses amis, sans cela il n'y a point de vraie amitié. Vous savez que je tombe toujours dans le ridicule de me donner pour exemple, mais c'est à mes enfants et pour les instruire. Je me souviens que dans le temps que je n'étais pas même dévote, j'avais une vieille amie de soixante-six ans, qui eut une maladie de trois mois qui la tint toujours au lit. Je demeurai auprès d'elle sans la quitter; je ne sortis pas une seule fois pour m'aller promener, et pourtant c'étaient les trois mois de l'été, et je me souviens même que cela me coûtait fort. Je n'avais que dix-huit ans : voyez quelle disproportion et quelle contrainte pour une jeune personne ! Je demeurais là, auprès de ma vieille amie, à la soulager, à la tenir, à lui voir faire des opérations très dégoûtantes, et tout cela, il faut l'avouer, ce n'était point que je l'aimasse fort, mais par l'envie de faire dire du bien de moi, par le désir de l'honneur et de la réputation. C'est que cela montre mille bonnes choses, un bon cœur, du courage, de la sagesse, qu'on est capable d'amitié et de se passer de plaisirs. Les jeunes personnes ne sauraient avoir trop de soin de leur réputation; vous savez que saint François de Sales veut qu'on ait soin de sa bonne renommée.

On parla ensuite longtemps des peines du mariage, et surtout de la contrainte où sont les femmes ; et Madame dit : « Mon Dieu ! quelle vertu il faut qu'elles aient ! quand je pense à madame la duchesse de... car il faut vous livrer tout le monde et se servir de ce qu'on connaît pour vous instruire. Cette dame était la fille bien-aimée de monsieur et madame la maréchale de... Ils ont fait pour elle de grands efforts en la mariant à un très grand seigneur et fort riche ; elle était fort aimable, cependant vous ne sauriez croire ce qu'elle a eu à souffrir. Son mari, qui n'avait comme elle que quinze ans, commença par prendre de mauvais conseils et par les suivre, et il faut avouer, en passant, que c'est un grand abus que de marier des enfants si jeunes, et vous devriez désirer toutes d'épouser plutôt des vieillards si vous etiez appelées au mariage. Ce jeune homme crut qu'il était du bel air de ne point aimer sa femme et de la laisser là, d'en aimer d'autres qui, même, lui marquaient à elle-même du mépris; il n'était presque jamais chez elle; à peine la voulait-il regarder, et ainsi elle souffrit non-seulement dans l'esprit par l'humiliation, mais encore dans le cœur par la tendresse qu'elle avait pour lui, car elle l'aimait véritablement. Voyez quelle épreuve! elle l'a soutenue pourtant sans se plaindre; on la voyait changer, maigrir; on croyai qu'elle se mourait; elle eut le courage de se taire, de n'en pas même parler à son père et à sa mère, craignant qu'on ne fit un éclat, étant persuadée que cela ne ferait qu'aigrir son mari, et que ce n'était pas par là qu'il reviendrait; en effet, ce n'est pas par les plaintes qu'on les ramène! Elle étouffa donc tout cela, ne se servit que de la patience et de la douceur. Cette conduite l'a charmé, et l'a fait rentrer en son devoir, et enfin ils sont très bien ensemble; mais ce petit martyre a duré près de vingt ans! — Hélas! dit une maîtresse, nous pouvons bien dire que nous ne souffrons rien de comparable à cela, nous autres religieuses. — Assurément, reprit Madame, et nous n'avons pas tort quand nous disons à ces demoiselles que le mariage a de grandes peines. Saint Paul en avertit les chrétiens de son temps et leur dit que les personnes mariées souffriront les afflictions de la chair. Encore, poursuivit-elle, si tous les maris étaient comme celui dont nous venons de parler, car il n'était pas chez lui, au moins sa femme était libre dans sa chambre, mais il s'en faut bien. Ils viennent et reviennent plus d'une fois dans la journée, en faisant toujours sentir qu'ils sont les maîtres; ils entrent en faisant un bruit désespéré, souvent avec je ne sais combien d'autres hommes; ils vous amènent des chiens qui gâtent tout; il faut que la pauvre femme le souffre : elle n'est pas la maîtresse de fermer une fenêtre; si son mari revient tard, il faut qu'elle l'attende pour se coucher ; il la fait dîner quand il lui plaît ; en un mot, elle n'est comptée pour rien. » — On lui demanda si les femmes ne doivent jamais se plaindre : « C'est le mieux, répondit Madame ; car, à quoi servent les plaintes ? A refroidir encore davantage, et à empêcher la réunion des esprits. Les parents d'une femme veulent apporter du remède à ce qu'on leur a dit : ils parlent, ou font parler à un mari, qui n'en fait que pis ensuite ; ils donnent quelquefois de mauvais conseils ; ils sont souvent cause que la dissension et l'aigreur continuent ; au lieu que si on n'avait rien dit, la paix serait venue avec le temps. — Mais, Madame, lui dit-on, est-ce qu'une femme ne peut pas dire ses peines à son père et à sa mère ? — Oui, répondit Madame, si c'est pour prendre quelque bon conseil, mais jamais seulement pour se plaindre : *il faut avoir assez de vertu et de sagesse pour passer entre Dieu et soi ce qu'on peut dérober à la connaissance des autres.* Il faut même bien prendre garde à ceci, car il y a tel père et telle mère qui ne seraient guère propres à vous donner un bon conseil ; mais quand c'est une mère sage ou même un bon directeur, il n'y a point de mal à dire ce qu'on souffre, pourvu, encore une fois, que ce ne soit pas seulement pour se plaindre. Je connais, ajouta Madame, un homme à la cour qui dit souvent au roi, car c'est un de ses domestiques, qu'il n'a jamais pu savoir ce qui faisait peine à sa femme, parce que, dit-il, « je ne lui propose jamais rien qu'elle ne l'accepte de bon cœur et qu'il ne paraisse même que ce soit sa pensée, et qu'elle me l'allait proposer. Je dis que je veux aller à la campagne ; elle me dit : Ah ! que cela sera bien, il fait très beau. — Si j'ajoute : Menons mon fils. — J'en serai ravie, dit-elle, cela m'occupera. — Si, un peu après, je lui dis : Non, ne le menons pas. — Je crois en effet que vous avez raison, il vous embarrasserait peut-être : et ainsi de tout. Je ne lui connais point de volonté. » Cependant, poursuivit madame de Maintenon, je connais cette femme-là ; je sais qu'elle sèche et qu'elle se fait une violence continuelle, et si vous demandiez un bon ménage à la cour, on vous nommerait celui-là. Vous voyez par où il est bon ; c'est que la femme prend tout sur elle ; elle a peu apporté à son mari, mais aussi ne lui dépense-t-elle rien. Je lui dis quelquefois : « Est-ce que vous ne jouez point un peu pour vous amuser? — Ah ! Madame, dit-elle, il ne serait pas juste que ne lui ayant rien apporté, je jouasse encore son argent. » Il faut que ce soit son mari qui la presse d'acheter un habit. — Il me semble, dit une demoiselle, que je vous ai ouï dire que les bons ménages ne sont pas ceux où l'on ne souffre rien du tout, mais ceux où il y a un des deux qui souffre de l'autre sans rien dire? — Oui, dit madame de Maintenon, ou bien quand ils ont assez de vertu pour se supporter tour à tour. »

AIMER A FAIRE PLAISIR, ET A SE RENDRE UTILE.

1702.

Madame de Maintenon dit aux demoiselles de la classe bleue : « On me prie de vous parler sur l'envie de plaire et de se rendre utile : c'est un désir bien naturel aux bons cœurs ; toutes sortes de raisons doivent vous y porter. Votre peu de fortune, qui fera que aurez besoin de tout le monde, doit vous faire craindre d'y être à charge à qui que ce soit ; si les personnes les mieux accommodées et les plus élevées par leur rang doivent tâcher de se rendre agréables, combien plus le doivent faire les demoiselles de Saint-Cyr qui n'ont rien, ou peu de chose. On est fort embarrassé d'une fille qui ne sait que se tenir droite, se mettre à table, jouer, parler ; chacun cherche à s'en défaire. Je comprends bien que les premiers jours qu'on arrive dans une maison on soit un peu réservée et embarrassée, mais quand on la connaît, on doit entrer dans les sentiments de celle qui la gouverne; on demande de l'ouvrage, on cherche à s'occuper et à n'être pas inutile; on n'est pas déconcerté jusqu'à n'oser mettre la main à l'œuvre; c'est la marque d'un bon cœur de chercher à se faire aimer par ces endroits-là; il faut qu'on vous désire où vous irez.

De plaisir, il n'en est point de plus grand que celui d'obliger. Je souhaite que vous n'oubliiez jamais la maxime qui dit: que le plus grand plaisir est d'en pouvoir faire; mettez-la en pratique et la portez jusqu'à vous oublier pour servir les autres dans les choses même les plus basses; on a par là le plaisir de changer quelquefois de personnage: c'est un des plus grands qu'ait le roi.

Voilà, mes enfants, comme on fait quand on veut être aimée. On s'avise de tout ce qui peut être utile ou agréable à ceux avec qui on est, ou leur épargner de la peine; il me semble qu'il suffit pour cela d'avoir un bon cœur et un bon esprit.

Puis s'adressant à mademoiselle de Saint-Laurent, elle lui demanda ce que c'était que le bon esprit. — « C'est, dit la demoiselle, de s'accommoder à tout. — Votre définition est bonne et courte, dit madame de Maintenon; il est vrai que le bon esprit, la sagesse et la raison se ressemblent fort: ces trois choses apprennent à s'accommoder aux temps, aux lieux et aux personnes avec qui l'on vit; par exemple, quoique la règle de Saint-Cyr ne soit pas d'usage pour tout, vous devez pourtant, si vous avez l'esprit bien fait, faire votre capital de l'observer tant que vous y êtes; et quand vous serez ailleurs, le même bon esprit vous fera conformer à tout ce qui sera en usage dans l'endroit où vous serez; j'entends toujours en tout ce qui est bon ou indifférent, car si c'était quelque chose de mauvais et contraire à la piété ou à la vertu, comme de manger gras les jours maigres, de ne point aller à la messe les dimanches, d'avoir une toilette inconvenante et choses semblables, il faudrait mettre votre bon esprit à avoir le courage de ne pas suivre ces mauvais exemples.

» J'ai vu en plusieurs communautés des personnes âgées, et même des veuves dont les unes étaient à charge parce qu'elles se rendaient très difficiles à servir : il leur fallait une personne particulière pour avoir soin de ce qui les regardait ; elles dînaient à l'heure de leur fantaisie et faisaient de même en toute autre chose ; ces personnes n'étaient ni aimées ni regrettées lorsqu'elles s'en allaient ; au contraire, on se réjouissait de les voir partir, au lieu qu'on chérissait celles qui s'accommodaient de l'ordre de la maison, qui savaient se lever matin pour se trouver à la messe de la communauté, qui dînaient, se couchaient et faisaient les autres exercices à l'heure de la maison. Avouez, mes enfants, qu'il n'y a rien de si aimable qu'un bon esprit. » Puis elle demanda à mademoiselle de Brunet lequel était le plus aisé de prendre sur soi, ou sur les autres. Elle répondit que c'était de prendre sur soi. Plusieurs autres demoiselles qui furent aussi interrogées pensèrent de même. « Vous avez raison, dit madame de Maintenon, et je ne comprends guère qu'on puisse penser autrement, parce qu'il me paraît bien plus juste et plus à propos de s'incommoder soi-même que d'incommoder les autres ; il faut au contraire être toujours occupé à éviter tout ce qui peut faire de la peine aux autres.

» Madame la duchesse de Bourgogne a entrepris un ouvrage pour lequel elle a fait venir une brodeuse qui passa hier tout le jour chez elle sans qu'on pensât à lui donner à manger. Je m'informai vers les deux heures si elle avait mangé ; elle me dit que non ; je la fis dîner et souper, car on ne pensa pas plus à elle le soir que l'on avait fait le matin. Le roi, qui est d'une attention merveilleuse, reprit fort madame la duchesse de Bourgogne de cet oubli : elle en voulut rire, mais il lui dit qu'il ne pouvait plaisanter d'une pareille chose. Je suis persuadée que cette pauvre femme n'était guère contente de voir que, pendant qu'elle se tuait de travailler, on la laissait mourir de faim. Si ce manque d'attention, qui pouvait être pardonnable à une jeune princesse de seize ans, a été relevé par le roi avec le sérieux que je viens de dire, combien le serait-il moins à des filles comme vous qui auront besoin toute leur vie de faire attention aux autres ? J'espère, mes enfants, que vous profiterez de cette instruction comme des autres. Il est presque impossible de résister à la raison qui est si belle et toujours la même ; ainsi on ne vous dira rien de nouveau, et on ne cessera de vous parler des mêmes choses ; pour moi, tant que je vous visiterai, je ne vous parlerai que de raison, parce qu'il y a des personnes qui, quoiqu'elles l'aiment beaucoup, manquent d'expérience pour la bien connaître, et qui, dès que l'on vient à la leur développer, sont ravies de voir clairement ce qu'elles ne faisaient qu'entrevoir. »

A MADEMOISELLE D'OSMOND,

DEVENUE ÉPOUSE DE M. LE MARQUIS D'HAVRINCOURT.

Ce 24 février 1705.

Vous n'avez à présent que deux choses à faire, Madame : servir Dieu et contenter votre mari. Ayez pour lui toutes les complaisances qu'il exigera ; entrez dans toutes ses fantaisies autant que cela n'offensera pas Dieu ; s'il veut que vous soyez dans le grand monde, mettez-vous-y en vous retirant toujours autant que la modestie le demande. Vous allez être gouvernante, c'est-à-dire la première personne de la ville; faites-y tout le bien que Dieu demandera de vous; donnez-y bon exemple. Qu'il y ait toujours quelque sage et honnête femme en votre compagnie; représentez à votre mari que vous êtes encore trop jeune pour vous livrer au monde, sans qu'il y ait quelqu'un de raisonnable témoin de votre conduite : il vous en saura très bon gré quel qu'il soit. Fuyez les mauvaises compagnies, rien n'est si dangereux. Aimez la présence de votre mari, ne vous cachez jamais de lui. Sachez vous retenir sur le jeu, que je crois que vous ne haïssez pas : vous voyez les malheurs que l'amour du jeu attire. Aimez l'ouvrage, soyez toujours occupée; aimez à être seule, à rentrer en vous-même et à faire souvent des réflexions sur votre conduite. Ne soyez point haute, soyez polie, faites-vous aimer de votre domestique, soyez-y ferme et bonne. Ne donnez jamais dans l'excès des modes, suivez-les de loin et autant que la bienséance le requiert sans les outrer; ne tâtez jamais de la louange, qu'on dise de vous que vous êtes magnifique dans vos habits; je serais bien fâchée d'entendre dire cela de vous; soyez vêtue proprement, sans affectation, et devenez ménagère.

Vous avez été élevée dans la plus pure doctrine, et savez fort bien votre religion, vous avez même de la piété ; ayez horreur de toute nouveauté sur cet article; ne décidez jamais de rien, quoique vous en sachiez plus que les autres; ne parlez sur cela que quand on vous demandera votre sentiment, que vous direz avec modestie et retenue; ne critiquez jamais la conduite de personne, quelque mauvaise qu'elle soit. Enfin, ma chère fille, soyez une bonne chrétienne, une bonne femme et un bonne mère, remplissez bien tous vos devoirs, établissez votre réputation, et priez pour moi.

A UNE DEMOISELLE QUI SORTAIT DE SAINT-CYR (1).

1705.

Ce que je crois de plus important pour vous, ma chère fille, en entrant dans le monde, est de vous attacher à Dieu avec une grande confiance en lui, jointe à une égale défiance de vous-même. Vous en avez plus besoin qu'une autre, par l'ignorance du mal où vous avez été élevée, qui pourrait vous y faire tomber sans même vous en apercevoir; ainsi vous n'êtes pas en état de vous garder, mais Dieu vous gardera, si vous tenez fortement à lui par le fréquent usage des sacrements, par la fidélité à vos exercices, et tâchant surtout de mériter cette faveur par de ferventes prières. Vous devez promettre à Dieu, dans la dernière communion que vous ferez avant votre sortie, que vous serez ferme et fidèle à suivre les exercices que votre confesseur vous a marqués; cette fermeté ira au-devant de plusieurs inconvénients considérables; car un jour vous n'aurez plus de dévotion, un autre il vous prendra envie de changer les lectures, et dès qu'on s'est fait une planche, on y passe très aisément; au lieu que les personnes qui se font une loi de ne remettre leurs exercices que pour des choses absolument nécessaires, ne pensent pas qu'on puisse faire autrement. Comptez, ma chère fille, que le démon emploiera toutes sortes de moyens pour vous détourner de cette fidélité : il vous mettra dans l'esprit un dégoût et un éloignement de la prière; il vous suggèrera qu'après tout vous n'êtes pas religieuse, que c'est une perte de temps, puisque vous n'en tirez aucun fruit, et qu'il vaudrait mieux s'occuper à quel-

(1) Cette longue lettre est un résumé complet, comme le catéchisme des devoirs des jeunes personnes. Elle mérite leur attention réfléchie.

(*Note des Editeurs.*)

que chose de plus utile. Vous entendrez peut-être des discours et des railleries propres à vous faire tout quitter : on dira que vous ne voulez point manquer à votre routine, que vous avez pris une dévotion du petit peuple, que vous êtes bien simple ; mais si vous demeurez ferme sur les principes qu'on vous a donnés, vous vous attirerez des grâces victorieuses pour triompher de votre faiblesse. N'oubliez jamais, ma chère fille, qu'un chrétien sans prière est un soldat sans armes le jour du combat ; que lui peut-il arriver, sinon d'être percé de coups et abandonné à la discrétion de son vainqueur, qui n'est autre que ce fort armé dont parle l'Evangile?

J'ai joint la défiance de soi-même à la confiance en Dieu, car il ne faut pas le tenter en s'exposant aux occasions : qui aime le péril y périra. Si vous vous engagiez mal à propos, et que vous ne fussiez pas sur vos gardes, vous auriez sujet de craindre que Dieu vous refusât son secours et qu'il vous livrât à votre faiblesse. Fuyez donc les hommes comme vos plus mortels ennemis, ne vous trouvez jamais seule avec aucun, ne vous plaisez point à entendre dire que vous êtes jolie, aimable, que vous avez la voix belle, etc. Le monde est un trompeur malin qui pense rarement ce qu'il dit, et la plupart des hommes qui tiennent ce discours aux filles ne le font que pour trouver une entrée pour les perdre. Ne recevez jamais d'eux de présent, ne chantez jamais en leur présence que par ordre et devant madame votre mère, que je crois trop sage pour vous le faire faire mal à propos. Fuyez toute intrigue, évitez même les manières et les airs enjoués ; que votre modestie soit embarrassée à l'abord d'un homme, que la rougeur vienne à votre secours ; mais n'ayez pas de ces manières de filles de couvent qu'on ne peut guère appeler que sottes, et qui attirent ordinairement ce qu'on prétend éviter ; des yeux baissés modestement et un certain air de sagesse et de réserve sont bien plus à propos. Ne souffrez jamais qu'ils vous touchent les mains, ni qu'ils prennent avec vous la moindre liberté; n'ayez avec personne des airs ni des rires d'intelligence; n'écrivez qu'à vos proches parents, à moins de quelque affaire; si un homme vous écrit, portez la lettre à madame votre mère avant même de la lire, et n'y répondez point sans son ordre; si vous n'étiez pas à portée de prendre son conseil, il vaudrait encore mieux jeter de telles lettres au feu sans les lire que de risquer de prendre un autre parti.

Vous savez ce que Dieu ordonne d'avoir pour ceux de qui nous avons reçu la vie; ne vous en oubliez jamais : honorez et respectez madame votre mère, quand même vous ne trouveriez pas en elle la tendresse et l'amitié que je suis persuadée qu'elle a pour vous; faites voir en tout une soumission et une parfaite déférence à ses sentiments tant qu'ils ne vous demanderont rien de contraire à votre premier devoir, qui est d'obéir à Dieu; et quand même vous verriez en vos frères et en vos sœurs une conduite contraire, distinguez-vous d'eux en cela : vous avez été mieux instruite, et vous savez qu'il n'y a dans le précepte que Dieu en a fait aucune différence du plus au moins de naissance, ni des autres avantages naturels. Dieu, de tout temps, a béni les enfants qui se sont exactement acquittés de ce devoir, et ceux qui agissent autrement ne prospèrent pas pour l'ordinaire, même en ce monde.

Mettez votre dévotion à remplir les devoirs de votre état : un des principaux va être de plaire à madame votre mère et à mesdemoiselles vos sœurs en tout ce qui ne déplaît point à Dieu. Soyez douce, égale, complaisante, pleine d'attention aux autres, et d'oubli de vous-même; mettez votre plaisir à faire celui de madame votre mère, et à vous rendre à sa volonté; conformez-y vos dévotions, raccourcissez-les s'il le faut, mais que rien ne vous empêche de penser à Dieu, de lui offrir vos actions, d'agir pour l'amour de lui, et de l'aimer de tout votre cœur; il ne faut pour cela ni chapelles, ni oratoires, ni chambres particulières : en jouant, en conversant et en faisant ses autres affaires, on peut aisément avoir un petit commerce intérieur avec lui. Vous avez fort bon goût sur la lecture, ne le gâtez pas; ne lisez que pour vous édifier, et non pour satisfaire la curiosité et la démangeaison naturelle aux filles, ni pour paraître savante; n'oubliez jamais ce qu'on vous a dit à Saint-Cyr sur cet article; prenez garde au goût de l'esprit, d'autant plus dangereux qu'il paraît moins criminel; c'est par cet endroit que tout le monde tient au jansénisme : leur style est un aimant dangereux dont vous devez vous défier. Vous avez une excellente ressource et un très bon conseil en M. F..., ayez-y recours dans vos doutes. Je crains extrêmement votre faiblesse, votre facilité et votre complaisance; vous n'oserez dire non, ni résister à rien; mais, ma chère fille, appelez à votre secours cette terrible parole de Notre-Seigneur : *Celui qui rougira de moi devant les hommes, je rougirai de lui devant mon père;* mettez-vous aussi en esprit au lit de la mort, et voyez ce que vous penserez en ce moment, quelle idée aurez-vous de tout ce qui se passe, et en particulier des vains jugements des hommes. Les choses paraissent bien différentes à la lueur du flambeau qui nous est mis en main en cette extrémité; on voit clairement alors ce qu'on aurait dû faire, on est déchiré de regret de l'avoir omis : ces réflexions sont d'excellents préservatifs contre la contagion du monde, et contre notre propre faiblesse.

Prenez garde à une maxime que je crois fort dangereuse : que le bonheur de la vie consiste dans la douceur de l'amitié. Cela peut être vrai jusqu'à un certain point; mais cette inclination et ce goût pourraient aussi être cause de votre perte, car, quand on désire si fort d'être aimée, on ne regarde guère de qui ; on fait tout pour en venir à bout, on y sacrifie sa religion, son honneur et sa conscience ; ce désir-là est un bandeau épais qui aveugle. Je comprends que c'est une grande douceur d'être aimée des personnes avec qui on est obligé de passer sa vie, et qu'il faut même tâcher de s'attirer cet avantage par toutes les voies raisonnables et surtout par une honnête complaisance, mais il ne se faut pas trop fonder sur cette amitié, ni se persuader aisément qu'on en a beaucoup pour vous ; comptez, ma chère fille, qu'il n'y a presque pas de véritables amis : l'intérêt et l'argent remuent tout, et divisent les frères et les sœurs, les pères et les enfants. Agissez cependant toujours de bonne amitié de votre part, contribuez à l'entretenir de tout votre pouvoir, ne marquez jamais que vous croyez voir qu'on en manque pour vous, et le jour qu'en effet vous vous apercevez de quelque chose, ne croyez pas tout perdu ; ce n'est rien de pis que ce qu'on éprouve presque généralement partout, et il est plus vrai qu'on ne saurait dire, qu'il n'y a guère que Dieu qui nous aime pour notre propre avantage et sans aucun intérêt. Tournez de ce côté le fond de votre tendresse ; aimez, chérissez cet ami bienfaisant, constant et généreux, qui ne vous manquera jamais quand tous les autres vous abandonneront, et avec qui vous ne devez craindre aucun mécompte ; voilà la véritable douceur de la vie, vous n'en trouverez point ailleurs de solide, votre cœur ne pouvant être content de rien moins que de Dieu ; et notre complaisance pour les hommes doit nous être suspecte lorsqu'elle n'a pas pour objet l'amour de Dieu et du prochain (1).

La médisance est un des plus grands écueils que vous

(1) Il suffit de lire quelques passages de madame de Maintenon pour voir, comme ici, qu'elle savait par cœur le livre inimitable appelé l'*Imitation de Jésus-Christ*. (*Note des Editeurs.*)

ayez à craindre : on n'en fait aucune façon dans le monde; la conversation y paraît insipide à moins que quelqu'un n'en fasse le sujet et ne soit, comme on dit, sur le tapis. Vous ferez bientôt comme les autres si vous n'êtes point tout-à-fait sur vos gardes, et si vous ne vous souvenez des maximes que vous avez pour ainsi dire sucées ici. Plus la médisance est spirituelle et agréable, plus elle s'insinue et fait d'impression; n'oubliez donc pas, ma chère fille, qu'on ne peut médire sans commettre un très grand péché qui oblige à une restitution d'autant plus difficile que le bien qu'il faut rendre est fort au-dessus de ceux qu'on nomme de fortune, qui, n'étant plus dans les mains des personnes qui l'ont ravi, n'est pas aisé à restituer. Je sais que ce ne sera pas à vous à reprendre les personnes que vous entendrez médire, ni à leur imposer silence; mais votre air doit parler en ces occasions, et la charité y fait user d'industrie. La plupart des gens du monde se perdent faute d'attention sur cet article, mais vous seriez plus coupable de vous y laisser aller ayant été si bien instruite et précautionnée. Soyez délicate, et même scrupuleuse sur la charité; ne dites jamais de personne ce que vous ne seriez pas bien aise qu'on dît de vous; couvrez les défauts du prochain, et rendez-vous l'avocate des absents; faites-vous tellement connaître qu'on n'ose devant vous prendre la liberté d'attaquer le prochain; vous vous ferez encore plus de bien qu'à lui, puisque vous ôterez un des plus grands obstacles à votre salut; étendez cela jusque sur les railleries un peu piquantes, et recourez souvent à Dieu pour obtenir la grâce de résister au torrent de l'exemple et de la coutume, qu'on dirait à présent être le seul Evangile du monde, tant ses partisans ont soin de s'y conformer; mais vous en connaissez un autre, ma chère fille, qui doit être la règle de votre conduite, et dont vous ne devez jamais vous départir. Gardez-vous bien d'épouser les inimitiés de votre famille ni de vos amis ; vous êtes chrétienne, et en cette qualité obligée de pardonner toutes les injures et les mauvais services ; on ne vous en rendra jamais de pareils à ceux que Jésus-Christ, notre divin modèle, a pardonnés dans le temps même que la haine de ses ennemis était plus envenimée. Nous ne pouvons être de vrais disciples d'un tel maître si notre amour pour nos frères ne l'emporte et ne triomphe de leurs mauvais procédés à notre égard. Les maximes du monde, sur ce sujet, sont, si je l'ose dire, détestables et absolument contraires à celles du divin Testament de notre Père ; lisez de quelle manière il traite le perfide Judas à la cène et au jardin : pourrait-on ménager avec plus de douceur le meilleur de ses amis ? Suivez, ma fille, cet admirable modèle, ne conservez aucun ressentiment, n'entrez point dans ceux de vos proches et ne comptez pour ennemis que ceux de Jésus-Christ et de votre salut. Je ne puis vous régler la manière d'en user avec ceux que votre famille voudra que vous regardiez comme tels, mais j'espère que la tendresse vraiment chrétienne dont vous ferez profession vous conduira, et vous fera agir avec prudence pour ménager tout le monde, et ne rompre avec personne.

Aimez à être occupée : le travail est un amusement et un plaisir pour les personnes qui en ont le goût ; c'est un grand secours à la légèreté des filles, qui, sans cela, se trouveraient exposées à bien des dangers ; vous pouvez voir dans saint Paul les mauvais effets de l'oisiveté quand il parle à Timothée de l'égarement des jeunes veuves ; elles sont, dit-il, *fainéantes, curieuses, courant de maisons en maisons, et parlant de choses dont elles ne devraient point parler.* Dès qu'une fille ne trouve point son plaisir chez elle à quelque occupation convenable, elle le veut chercher au jeu ou dans des compagnies qui la mettent en un péril évident de se perdre de réputation : deux écueils également à craindre. Faites-vous un devoir de remplir vos journées et de travailler, soit pour votre entretien, soit pour les pauvres, soit pour l'église, et si vous n'étiez pas assez heureuse pour le faire pour ces sortes de bonnes œuvres, faites-le au moins pour votre amusement innocent, et pour le plaisir de voir votre ouvrage. Je compte que vous ne passerez point de jour sans lire du moins un chapitre du Nouveau Testament, et quelque endroit des Homélies, ou de l'*Imitation* ; si vous pouvez encore donner quelque quart d'heure à des réflexions solides, elles vous seront d'un grand secours ; du reste, soyez occupée, ou seule dans votre chambre, ou avec madame votre mère et mesdemoiselles vos sœurs.

N'oubliez jamais ce qui vous a été dit sur l'ajustement et sur le désir de plaire, c'est ce qui perd presque toutes les filles. Il faut être propre et mise d'une manière convenable, mais sans tomber dans le ridicule de vouloir attraper la mode en tout ce qu'on peut ; faites voir, au contraire, que vous en pouviez faire davantage, et que vous êtes fort au-dessus de ce faible qui entraîne presque tout le monde. On vous dira qu'il faut faire comme les autres ; cela est vrai quand les autres font bien, mais non sur ce qui est mal. Je sais qu'une personne mariée doit chercher à plaire à son mari, et qu'une fille qui se veut marier peut bien essayer de se donner quelque agrément, ou tâcher de relever ceux que Dieu lui a donnés, pourvu que l'un et l'autre demeurent dans les bornes de la pudeur et de la modestie ; mais, hors ces cas, le désir de plaire aux hommes est pernicieux, et conduit aux derniers malheurs. Les mauvaises romances le sont fort aussi, et vous devez vous en garder comme d'un poison dangereux ; le mal s'insinue facilement par cette voie, et le démon n'a guère de meilleur moyen pour corrompre la jeunesse. Vous ne serez pas embarrassée d'y suppléer par de beaux airs ; vous en savez assez de convenables à votre éducation, sans lui faire l'injure de chercher à en savoir d'autres si indignes d'elle et de vous. Il faut, sur cela comme sur le reste, une fermeté que vous ne trouverez pas chez vous, mais cherchez-la en Dieu, ma chère fille : il est la source de toute sorte de bien, de quelque nature qu'il puisse être.

Vous savez assez le soin que vous devez apporter à bien choisir un confesseur. Quand vous l'aurez choisi, souvenez-vous toujours d'y regarder Notre-Seigneur Jésus-Christ, et d'y aller dans un esprit de foi ; faites-vous conduire par lui, soyez entre ses mains comme un enfant sur tout ce qui regarde votre conscience ; consultez-le sur les bonnes œuvres que Dieu demande de vous dans votre état, et suivez exactement ce qu'il vous marquera ; engagez-le par là à prendre de vous un soin particulier ; ce qui vous sera d'autant plus nécessaire que vous allez être plus exposée.

Je ne puis vous rien prescrire sur l'aumône ; mais ayez le cœur tendre pour les pauvres, et premièrement pour ceux de vos terres, qu'il faut assister devant tous les autres, et à qui vous êtes aussi obligée de procurer des secours spirituels ; c'est un devoir fort négligé aujourd'hui : cependant, les seigneurs répondront à Dieu du salut de leurs vassaux en tout ce qui dépendait d'eux. Donnez aux pauvres selon votre pouvoir, mais appliquez bien ce que vous donnerez : ce qu'on donne aux passants est d'ordinaire assez mal donné ; les pauvres honteux ou malades doivent avoir la préférence, toujours pourtant selon la discrétion et la circonstance qu'on ne peut prévoir.

Je ne veux pas oublier de vous dire un mot sur les afflictions : tout bon chrétien les doit prendre de la main de Dieu, sans se laisser accabler par la tristesse ni emporter à la violence de ses mouvements. Si les accidents de la vie arrivaient par cas fortuit, et que nous n'eussions aucune solide ressource, il serait excusable d'y demeurer enfoncées ; mais comme rien n'arrive que par l'ordre ou la permission du meilleur et du plus tendre de tous les pères, nous devons toujours baiser la main qui ne nous frappe que pour nous sauver, car s'il mêle tant d'amertume dans notre vie, c'est de peur que, trouvant ici-bas notre satisfaction, nous ne désirions point d'arriver à la céleste patrie. Gardez-vous donc, ma chère fille, de murmurer ni de vous plaindre dans les afflictions, puisque tout ce que veut un tel père doit être accepté, et même agréé de ceux qui ont l'avantage d'être ses enfants, et qui savent qu'après quelques moments de légères peines ils doivent partager pour une éternité la gloire et le bonheur de ce Dieu aussi puissant que bon. Que n'y aurait-il pas à vous dire de la dévotion de la sainte Vierge, si combattue dans le siècle où nous sommes, et cependant si utile à notre salut ! Il est vrai qu'il en faut retrancher l'abus, mais c'est ce qui vous a encore été parfaitement bien appris ici : la solide dévotion, soit à la sainte Vierge, soit aux saints, est celle qui nous porte à avoir en horreur et à fuir avec soin tout ce qui peut offenser Dieu, et à imiter de leurs vertus celles qui sont plus conformes à notre état. Cela n'empêche pas qu'on n'entre avec simplicité dans certaines dévotions approuvées de l'Église, pourvu qu'on n'y mette pas toute la confiance du salut, et qu'on ne les préfère point à ce qui est d'obligation et aux devoirs de son état. Il faut estimer toutes les pratiques de piété approuvées, mais il n'est pas à propos de les embrasser toutes ; la plus généralement reçue est le chapelet ; aimez-le et récitez-le autant que vous pouvez, et, loin d'avoir de la peine à le montrer, faites-vous une gloire qu'on sache que vous en avez un, et que vous estimez cette pratique ; ce sera un moyen de vous rendre la sainte Vierge propice, et vous savez combien sa protection est puissante auprès de Dieu ; c'est notre mère, et une mère remplie de bonté et de tendresse : ainsi il est bien juste que nous l'aimions, et que nous tâchions de lui rendre tout l'honneur dont nous sommes capables, surtout à l'approche de ses fêtes. Vous vous souvenez bien comment on vous a accoutumée à vous y disposer : ne perdez pas cette bonne habitude, remplissez-vous toujours des mystères selon l'esprit de l'Eglise, à quoi un bon livre de piété que vous avez pourra vous aider beaucoup ; étudiez avec soin les vies des saints qui conviennent le plus à la profession où Dieu vous a mise, pour en faire la règle de votre conduite.

La vie chrétienne est une vie sérieuse, pénible, et par conséquent formellement opposée à la mollesse qui règne à présent ; ne vous y laissez pas aller, ma chère fille, et ne croyez pas qu'il vous soit permis de faire comme les autres. Dieu veut bien que nous prenions quelques moments de plaisir pour nous délasser un peu et pour mieux poursuivre notre travail, mais ce ne peut être qu'un effet de l'aveuglement ou de l'ignorance des chrétiens de passer la plus grande partie de la vie à se divertir, puisque c'est renverser l'ordre établi de Dieu, et perdre un temps dont sa bonté veut que nous achetions l'éternité. Nous avons assez de vrais besoins sans en imaginer encore de nouveaux si inutiles et si dangereux ; mais sur toute chose détestez l'immodestie dans l'habillement qui est montée à tel point qu'on ne sait plus où laisser tomber sa vue pour n'être pas blessée de ce que l'on voit ; c'est sur ces articles qu'il vous sera permis d'être, si je l'ose dire, opiniâtre plutôt que de vous rendre, et votre première éducation vous servira fort à propos d'un prétexte honorable pour vous dispenser de faire comme les autres.

Parlez peu et écoutez beaucoup, jusqu'à ce que vous soyez

un peu formée sur chaque chose; vous éviterez par là bien des railleries. Ne paraissez étonnée de rien; ne demandez guère ce que vous ignorez qu'à madame votre mère, parce qu'il serait à craindre que vos questions ne fussent pas reçues des autres d'une manière favorable pour vous, et une mère se compte obligée d'instruire ses enfants sur tout; ne dites point à ce qui vous sera nouveau que vous l'ignorez, il faut apprendre mille choses comme si on les avait déjà sues.

Ménagez, épargnez, pour ne pas prévenir d'abord contre vous et de peur qu'on ne vous croie dépensière; laissez à madame votre mère le soin de penser à vous faire de petits présents; ne l'importunez point par des demandes pour votre habillement ou pour votre plaisir.

Ne croyez point qu'on vous approuve parce qu'on ne vous dit mot; vous seriez longtemps à charge sans en être avertie; il n'y a presque qu'à Saint-Cyr qu'on reçoit des avis à chaque chose que l'on fait de mal, encore je vous avouerai qu'il y a bien des occasions où nous ne parlons point parce que le fait nous regarde, au lieu que dans le monde on se plaint des personnes à tous autres qu'à elles-mêmes, à moins d'une amitié plus solide et d'un intérêt plus sincère qu'il ne s'en trouve aujourd'hui.

LA BONNE GLOIRE.

1706.

Un jour que nous priâmes Madame de nous parler de la bonne gloire, elle nous dit : « Je crois que la bonne gloire consiste à aimer son honneur et à ne jamais faire de bassesses. Puis elle demanda à mademoiselle Dubois ce que c'était que de faire des bassesses. — Elle répondit que ce serait, par exemple, de manquer au secret ou de voler. Il est vrai, dit madame de Maintenon, que tout vice est une bassesse, et ceux que vous nommez sont des plus grands, mais je veux quelque chose de plus particulier : c'en serait une, par exemple, de recevoir des présents ; il vaut mieux se passer de tout que d'en prendre jamais que de ses plus proches parents, comme un père, une mère, une sœur, une tante ; ces personnes-là sont sûres. Il est difficile de vous donner des règles générales, c'est selon les familles ; car il y a quelquefois des oncles assez imprudents pour vous railler sur la dévotion et vous dire : Quoi ! être toujours au coin d'une église ? toujours dire son chapelet, toujours prier ? il vaut bien mieux voir telles et telles compagnies. Si elles sont dangereuses, il faut chercher quelques raisons pour s'en dispenser, ou y prendre si peu de part, qu'ils n'aient pas d'envie de vous le proposer une seconde fois ; que si ce sont des personnes perdues de réputation, ou qui soient tant soit peu suspectes, il n'y faut pas aller absolument. »

« — Est-ce une bassesse de travailler pour gagner quelque chose ? dit mademoiselle du Tot. — Au contraire, répondit madame de Maintenon, il y a bien plus de noblesse de vivre de son travail et de ses épargnes que d'être à charge à ses amis. Je vous ai habillé un proverbe, *Tant vaut l'homme, tant vaut sa terre*, où l'on voit un homme qui manque tout, pour avoir abandonné son bien plutôt que de se donner la peine de le faire valoir, et un autre qui vit heureux dans sa famille, parce qu'il prend soin de ses affaires, qu'il vit de peu, ne mangeant que des légumes pour assurer quelques biens à ses enfants : laquelle des deux manières de vie choisiriez-vous, Cugnac ? — C'est, dit la demoiselle, la seconde. — Vous avez grande raison, dit madame de Maintenon ; cependant cela n'est pas aussi aisé à faire qu'à dire. Il faut s'accoutumer de bonne heure à l'épargne ; je ne dirais pas à des personnes riches : Vendez vos ouvrages; mais à celles qui ne le sont pas je leur conseille fort, elles ne sauraient mieux faire. »

Mademoiselle des Miers demanda si une fille pouvait écrire sans le dire à sa mère : « Non, répondit madame de Maintenon, une fille ne doit jamais rien faire sans la permission de sa mère, ou des personnes de qui elle dépend; c'est le vrai moyen de ne jamais faire de sottises; il n'y a aucune raison de se cacher quand on n'a pas envie de faire le mal. » Une maîtresse demanda ce qu'il faudrait faire si on recevait des lettres de personnes inconnues, surtout de quelque homme. Mademoiselle d'Escoubant répondit qu'il faudrait la brûler après l'avoir lue. Madame de Maintenon prit la parole et dit : « Cela ne suffirait pas, il ne faudrait pas même la lire, mais la porter à sa mère ou aux personnes qui en tiennent lieu, et dire : Voilà une lettre dont je ne connais ni le cachet ni l'écriture : ayez la bonté de la lire et de voir de quoi il s'agit; pour moi je ne le veux point savoir, à moins que vous ne le jugiez à propos. » C'est un affront à une fille de recevoir des lettres des hommes qu'elle ne connaît point, parce qu'ils ne s'adressent qu'aux filles et aux femmes dont ils croient être bien reçus, et il faut pour cela y avoir donné quelque lieu; on ne doit écrire à aucun homme, excepté à ses proches, si ce n'est pour quelque affaire de famille ou autre chose bien nécessaire. »

Mademoiselle de Mornay dit qu'on s'éloignait du sujet de la bonne gloire qui avait commencé la matière de la conversation; mais madame de Maintenon trouva que cela y avait rapport, et dit qu'il n'y avait rien de si glorieux et de si honorable que de bien établir sa réputation; elle ajouta : « La mauvaise gloire est le contraiae de ce que je vous ait dit de la bonne : c'en est une fort sotte de parler toujours de ses parents, de sa noblesse et de tout ce qui nous regarde : les personnes sujettes à ce défaut se rendent insupportables dans la société aussi bien que celles qui y vivent sans attention et sans considération pour les autres. On reconnaît ordinairement dans le monde la noblesse à son honnêteté, et même à son humilité, à son attention à faire plaisir, à soulager, à éviter de donner de la peine, à rendre service. Retenez et comprenez bien, mes enfants, que les véritables nobles ne sont point portés à s'élever ni à mépriser personne; et que les manières hautes, fières et dédaigneuses sentent les petites gens. Sur quoi Jeanne, cette bonne vigneronne que j'ai chez moi, et que j'aime tant pour son sens et pour sa raison, dit quelquefois : « Oh! nous autres, pauvres gens, quand nous avons quelques honneurs, on ne peut plus nous approcher. » Adieu, mes enfants, ayons beaucoup de bonne gloire et jamais de mauvaise, ni d'orgueil. »

LE MONDE.

1707.

« N'ayant pas assez de force ni de santé pour vous faire autant d'instructions que je le voudrais, j'ai cru qu'il était bon de vous parler à toutes à la fois d'un article sur lequel je veux vous prévenir de bonne heure : c'est sur le monde. Je crains, mes enfants, qu'étant venues ici jeunes et sans le connaître, vous ne vous fassiez des idées tout opposées à ce qu'il est véritablement, et que vous n'en jugiez que par les apparences extérieures, qui ont, je l'avoue, quelque chose de séduisant pour la jeunesse, si vous en jugez par la pompe et les ajustements que vous voyez à madame la duchesse de Bourgogne et aux dames de sa suite; mais, outre que vous n'êtes point de fortune à être ajustées de la sorte et que vous ne le pourriez faire pour la plupart sans vous faire moquer de vous, c'est que vous êtes élevées et instruites dans le bon esprit du christianisme et que vous n'ignorez pas, comme la plupart des gens du monde, que Jésus-Christ a maudit ce monde, qu'il n'a point prié pour lui dans le temps même qu'il priait pour ses bourreaux, que vous y avez renoncé par les promesses que vous avez faites au baptême de renoncer à ses pompes, à ses plaisirs, à ses maximes et à tous ses scandales. Saint Pierre et saint Paul recommandaient aux personnes de notre sexe d'être vêtues de modestie, de ne porter ni or ni argent et de ne point friser leurs cheveux. Souvenez-vous, mes enfants, que nous ne pouvons aimer le monde sans déplaire à Notre-Seigneur Jésus-Christ, et faites votre compte que quand vous sortirez d'ici, il y en aura peu pour vous à cause de la triste situation de la plupart de vos familles, et quand même quelques-unes d'entre vous parviendraient à ce que l'on appelle fortune, elles ne devraient pas moins haïr le monde et prendre des idées, des maximes et une conduite tout opposées à la sienne : ce qui s'entend du monde mondain et corrompu; car je sais qu'il y a de très bons chrétiens et même des saints qui vivent dans ce monde, et je prie Dieu de tout mon cœur que celles de vous autres qui sont obligées d'y retourner soient de cet heureux nombre.

» Défaites-vous du goût que la jeunesse a pour les spectacles : qu'il vous suffise, pour n'y jamais aller, de savoir qu'il y a ordinairement de l'offense à Dieu et que l'on y court de grands dangers du côté de la conscience : outre que vous devez savoir que ce serait bien en vain, pour la plupart, que vous auriez ce goût-là, qui vous rendrait criminelles devant Dieu, comme l'on dit, sans profit.

» Si vous n'avez point de vocation pour la vie religieuse, vous retournerez, pour la plupart, en sortant d'ici, avec un père ou une mère peut-être veufs ou infirmes, ou bizarres.

car il faut s'attendre à tout, chargés d'enfants dont vous irez augmenter le nombre; vous passerez bien souvent vos journées à travailler dans la chambre de votre mère ou dans la vôtre, et vous ne penserez certainement pas à donner une pistole pour aller à l'Opéra, vous n'en entendrez pas même parler.

» Il y en aura d'autres, et ce seront les plus heureuses, qui se trouveront dans le fond d'une campagne à vivre en ménagères, à veiller sur les domestiques, voir s'ils s'acquittent bien de leurs fonctions, si le labourage se fait bien, s'ils ont soin des bestiaux, des dindons, des poules, et qui enfin seront obligées de donner leur attention à tous ces détails de ménage et même souvent de mettre la main à l'œuvre. Si quelqu'un, mes enfants, a besoin de faire un amas de piété et de vertu, c'est assurément vous autres, puisque, selon les apparences, vous serez exposées à bien des choses pénibles; il faut en faire de bon cœur un sacrifice à Dieu qui l'ordonne ainsi, quoiqu'il ne nous doive être guère obligé quand nous souffrons ce que nous ne pouvons éviter; mais sa bonté est si grande qu'il ne laisse pas d'agréer ces sacrifices et de les compter pour beaucoup quand on les lui fait volontiers.

» Abaissez-vous, mes chers enfants : Dieu n'a permis le grand déchet de la noblesse que pour l'humilier et peut-être pour punir quelques-uns de vos ancêtres qui ont abusé de leur autorité et de leurs richesses; abaissez-vous donc pour répondre aux desseins de Dieu. Je ne veux pas vous dire par là de vous abaisser le cœur; au contraire, il faut l'avoir haut, rempli d'une bonne gloire et bien placé pour ne jamais faire de bassesses; mais je vous conjure de prendre des idées du monde qui soient plus justes et plus conformes à la vérité et à la piété chrétienne. »

L'AMOUR DE LA PARURE.

1708.

Une maîtresse dit à Madame que quelques demoiselles avaient marqué publiquement devant leurs compagnes qu'elles ne se sentaient pas de joie quand elles étaient ajustées, ne pouvant comprendre qu'il y eût un plus grand plaisir que celui-là, et croyant que les religieuses sèchent de chagrin quand elles voient des personnes qui le sont; elles avouèrent encore qu'elles étaient touchées de ce que les sœurs converses, en les voyant frisées, avaient dit qu'elles leur plaisaient et qu'elles les trouvaient jolies.

Madame ayant su cela, leur dit : « On ne saurait trop vous dire, mes enfants, combien il y a de petitesse dans ce désir de la parure, quoiqu'il soit naturel aux personnes de notre sexe; il est cependant si humiliant, que celles qui aiment un peu leur réputation, même dans le plus grand monde, se gardent bien de laisser entrevoir ce faible si elles l'ont, parce qu'il les ferait mépriser de tout le monde; les plus mondains estiment, au contraire, les filles qui méprisent leur beauté, qui ne paraît jamais plus que lorsqu'on semble la négliger, et qu'on n'affecte point de s'habiller à son avantage. La beauté est en quelque sorte un malheur, puisqu'elle expose souvent à la perte de sa réputation, et même entraîne avec soi celle du salut, à moins qu'on ne soit extraordinairement sur ses gardes, et qu'on ait un recours continuel à Dieu. Le désir de plaire est lui seul une source de péchés, surtout quand c'est par l'ajustement qu'on cherche à donner dans les yeux. Toute fille qui met un ruban pour plaire à des hommes a déjà commis le péché dans son cœur. Notre-Seigneur ne nous permet pas d'en douter : il dit bien positivement que quiconque regarde une femme avec un mauvais dessein a déjà commis le péché dans son cœur. Il en est de même de nous par rapport aux hommes; une personne de notre sexe qui s'ajuste pour plaire est coupable non-seulement du péché que renferme ce désir de plaire, mais encore de tous ceux que commettent les hommes qui la voient. Lorsque je vous exhorte quelquefois de chercher à plaire, j'entends que ce soit par votre bonne conduite, et point par l'ajustement; malheur à celles qui chercheraient à se distinguer par là! si elles n'étaient pas sensibles au malheur d'offenser Dieu et de le faire offenser, le seul amour de leur honneur devrait au moins les mettre au-dessus de ce faible, le monde tournant ordinairement en ridicule les personnes en qui on sent de l'affectation et du désir de paraître belles, surtout quand on ne l'est pas en effet. Celles qui ont de la beauté et qui paraissent la négliger sont au contraire fort estimées. Je voudrais, ajouta Madame en soupirant, avoir fait pour Dieu ce que j'ai fait dans le monde, pour conserver ma réputation : j'ai soutenu dans ma jeunesse et au milieu du plus grand monde de ne porter qu'une simple étamine, dans un temps où personne n'en portait; j'étais plus singulière dans mon habillement que ne le serait une demoiselle de Saint-Cyr au milieu de la cour. » Madame de Champigny lui demanda si c'était dans la crainte de plaire qu'elle s'habillait si modestement : « Je n'étais pas assez heureuse, reprit-elle, pour agir en cela par piété, je le faisais par raison et pour l'amour de ma réputation. Je n'avais pas assez de bien pour égaler les autres dans la magnificence de leur habillement; j'aimais mieux me jeter dans l'extrémité contraire, et marquer que j'étais tout-à-fait au-dessus du désir de paraître par l'ajustement et par la parure, plutôt que de laisser croire que j'en attrapais ce que je pouvais, et que je faisais mon possible pour en approcher. Je ne saurais vous dire quelle estime cette conduite m'attira; on ne pouvait se lasser d'admirer qu'une jeune personne jolie et au milieu du monde eût le courage de soutenir un habillement si modeste; il l'était en effet, et n'avait rien de bas ni de rebutant; si la qualité de l'étoffe était simple, l'habit était bien assorti et fort ample, le linge était blanc et fin, rien ne sentait la mesquinerie. Je paraissais plus avec cela que si j'avais eu un habit de soie décolorée, comme en ont la plupart des pauvres demoiselles qui veulent approcher de la mode, et qui n'ont pas de quoi pour en faire la dépense.

» Je soutins aussi avec une fermeté inviolable la générosité de ne recevoir aucun présent; j'étais tellement connue de ce caractère que jamais aucun homme ne s'avisa de m'en offrir, sinon un, qui était un sot. Je ne sais à quel dessein il fit ce que je vais vous dire : j'avais un éventail d'ambre, fort joli, je le posai un moment sur la table; cet homme, soit en badinant, soit à dessein, prit mon éventail et le rompit en deux. J'en fus surprise et choquée; j'y eus, dans le fond, un grand regret, car j'aimais fort cet éventail. Le lendemain, cet homme m'envoya une douzaine d'éventails pareils à celui qu'il m'avait cassé. Je lui fis dire que ce n'était pas la peine de casser le mien pour m'en envoyer douze autres, que j'en aurais autant aimé treize que douze, et je les lui renvoyai et demeurai sans éventail. Je le tournai en ridicule, dans les compagnies, de ce qu'il m'avait offert un présent. Jamais, depuis, aucun homme ne s'avisa de m'en offrir. Vous ne sauriez croire la réputation que ce procédé me donna; aussi en étais-je si jalouse, que j'aimais mieux me passer de tout que d'agir autrement. Cet amour de la réputation, quoiqu'il soit mêlé d'orgueil et de fierté, et que par conséquent la piété doive le corriger, est cependant d'une grande utilité aux jeunes personnes; c'est le supplément de la piété pour les préserver des plus grands désordres. C'est pourquoi je ne conseillerais jamais de l'étouffer dans le cœur de la jeunesse, et quoiqu'il ne faille pas le proposer tout seul pour motif de leur conduite, il ne faut aussi l'attaquer ni le détruire quand on le trouve en elles ; il est seulement bon de leur imposer des motifs de piété quand on les en voit susceptibles ; mais si elles ont le malheur de ne se pas prendre par la crainte d'offenser Dieu, il est bon, du moins, qu'elles craignent la perte de leur réputation, et qu'elles soient jalouses de la conserver, comme je l'étais de la mienne. La piété rectifie ensuite ce qu'il y a de défectueux dans ce motif, et c'est toujours avoir gagné que d'avoir par là évité de faire parler de soi. Voilà ce qu'il y a à dire sur ce désir de la parure pour le rendre moins vif. Au reste, rien ne sied moins qu'une coiffure avec des frisures, des diamants ou des rubans, assortis d'un habit d'étamine ou d'une étoffe de soie commune ou passée; cela rend ridicule, et il suffit d'avoir un peu de bon sens et de bon goût pour ne pas tomber dans cet inconvénient. Pour moi, quand j'ai voulu que vous plussiez dans vos jeux aux personnes de la cour, devant qui vous devez représenter quelques tragédies, j'ai toujours tenu bon que vous n'eussiez ni frisure ni touffe de rubans, mais seulement du linge blanc, un bonnet simple, mais bien fait, une simple petite touffe de cheveux sans frisure et sans aucun autre ruban que celui de la coiffure ordinaire. Cet habillement vous sied beaucoup mieux que de vous voir avec un bonnet rehaussé d'épingles qui n'accompagne pas le visage, et une fafée de cheveux qui vous donne un air rude et sauvage.

» Quant à ce que vous croyez que les religieuses sèchent de chagrin quand elles voient des personnes ajustées et qu'elles pensent qu'elles ne peuvent jamais l'être, il faut que vous sachiez qu'il n'y a que les mauvaises religieuses en qui ces sentiments peuvent se trouver. Quand on a de bonne foi quitté le monde pour se donner à Dieu, on i sacrifié bien d'autres choses plus capables d'attacher que cette parure. Il ne faut qu'avoir l'esprit un peu solide et aimer la réputation pour se mettre, dans le monde même, au-dessus de cette faiblesse par raison et encore plus par piété. »

« — Serait-ce outrer la morale, dit la maîtresse à Madame, que de représenter à une fille, qui aurait ces sentiments que je vous ai exposés, que cette seule affection aux pompes du monde est criminelle, parce qu'elle est incompatible avec la fidélité aux vœux du baptême? — Sans doute, repartit Madame, qu'elles ne peuvent avoir l'amour de la parure et de l'ajustement sans pécher contre la promesse qu'elles ont faite au baptême de renoncer au monde. Il ne leur est pas plus permis d'aimer le monde, auquel elles ont renoncé et que Jésus-Christ déclare son ennemi, que de se joindre au diable, puisqu'elles ont également renoncé, par les vœux du baptême, à l'un et à l'autre. Vous ne pouvez même leur prêcher une morale plus solide que celle qui est fondée sur les promesses de leur baptême; il n'y a ni état ni condition qui les en puisse dispenser. C'est la meilleure manière de combattre ce goût de l'ajustement que de leur montrer qu'elles ne peuvent s'y livrer volontairement sans violer le vœu par lequel elles ont renoncé au monde et à ses pompes. »

DANGERS DES OCCASIONS.

1710.

» On ne tombe pas tout d'un coup dans les plus grands maux, et l'on n'y va ordinairement que par degrés. Le Saint-Esprit nous enseigne cette vérité lorsqu'il dit *que celui qui néglige les petites choses tombera peu à peu dans les grandes.* Vous ne sauriez donc, mes enfants, vous trop précautionner contre la contagion du monde, ni trop le craindre et le haïr. Je tremble pour celles qui y entreraient sans ces dispositions, tout y étant plein d'écueils et de périls, non-seulement pour la piété, mais aussi pour la réputation et pour l'honneur, dont les personnes de notre sexe doivent être si jalouses, puisque, après la grâce de Dieu, c'est le bien le plus précieux qu'elles aient en ce monde. Vous êtes peut-être étonnées, mes enfants, de ce que je vous parle ainsi, et je comprends fort bien que chacune de vous dise présentement en elle-même : « Ceci ne me regarde pas, et j'aimerais mieux mourir mille fois que de jamais rien faire qui pût tant soit peu ternir ma réputation. » Mais je puis vous assurer que ma longue expérience m'a appris que quantité de jeunes personnes très bien élevées, et qui paraissent toutes vertueuses, ont fait de terribles chutes qui ont scandalisé le monde et les ont perdues devant Dieu et devant les hommes, et cela pour avoir eu trop de confiance en elles-mêmes, pour ne s'être pas assez défiées de leur faiblesse, pour s'être exposées aux occasions, pour n'avoir pas évité les mauvaises compagnies, ni pris toutes les précautions nécessaires pour se préserver. Je gagerais bien qu'il n'y a aucune femme perdue de réputation qui ait voulu tout d'un coup s'abandonner au mal, et qui ait dit de sang-froid : Je veux me déshonorer; on ne parvient à cet excès que peu à peu. Croyez-vous, par exemple, que madame..., qu'on a été obligé d'enfermer par trois différentes fois, eût pris de telles résolutions? Non certainement. On commence par des manières enjouées, par aimer l'ajustement, par vouloir plaire, par écouter les flatteries et y donner créance; insensiblement, le cœur s'engage, et l'on succombe. Comptez que les hommes remarquent bien vite le faible des personnes de notre sexe et par où il les faut prendre; ils donnent des rubans et ajustements à celles qui aiment à se parer; ils donnent des sucreries, des fruits et choses semblables à celles qui aiment à manger; ils fournissent des commodités à celles qu'ils voient occupées d'en chercher. Votre principal soin, mes enfants, au sortir d'ici, doit être de demander sans cesse à Dieu de vous préserver des mauvaises occasions, et d'être extrêmement attentives à les éviter; autrement je ne vous donnerais pas un an pour vous perdre et en même temps tout le fruit de votre éducation, car le Saint-Esprit vous apprend que qui aime le péril périra; mais quand c'est lui qui nous met dans un état, il est en quelque sorte obligé (si cela se peut dire) de nous donner les grâces nécessaires pour nous délivrer des dangers qui y sont attachés. C'est ce qui me console dans l'état où je suis, ajouta-t-elle; c'est Dieu qui m'y a mise, et je n'ai jamais désiré un seul moment d'y être; j'ai même toujours désiré d'en sortir.

» Je vous ai toujours dit, mes chers enfants, que celles qui seront religieuses seront les plus heureuses : ce n'est point que je veuille que vous le soyez toutes, car je n'aime pas plus celle qui veut l'être que celle qui ne le veut point; mais je dis la vérité : il est certain qu'il est plus aisé de faire son salut dans le plus médiocre couvent que dans le meilleur monde, pourvu qu'on ait une véritable vocation et qu'on veuille sincèrement se sauver; car, dans les couvents les moins réguliers, il y a presque toujours quelques saintes religieuses auxquelles on peut se joindre pour se soutenir dans le bien.

» Il faut fuir les hommes si on veut être en sûreté, se garder de leurs discours, et battre en retraite, comme l'on dit. Adieu, mes chers enfants, profitez de ce que je viens de vous dire; remplissez bien vos devoirs, et ne comptez jamais sur vos propres forces, car infailliblement vous tomberiez. Si ces filles qui sont tombées dans de si grands crimes avaient eu recours à Dieu, elles en auraient été secourues. »

IL Y A DE LA PEINE DANS TOUS LES ÉTATS.

1710.

Madame de Maintenon, après avoir eu la fièvre toute la nuit, l'ayant même encore, monta à la classe *bleue*, et leur dit : « Je me traîne ici pour vous chercher, mes enfants, afin que vous me disiez ce que vous avez retenu de la belle conférence que vous fit hier M. l'abbé Tiberge. » — Les demoiselles la répétèrent, et quand elles vinrent à l'endroit où il leur avait dit qu'il y a de la peine dans tous les états, elle prit la parole et appuya fort là-dessus, disant que cela est bien vrai, et qu'à commencer par celui des gens de la cour qui, selon le monde, paraissent si heureux, il n'y a rien de gênant que la vie qu'ils mènent ; que pour faire sa cour il en coûte bien de la peine, de la contrainte, de la dépense et de l'ennui. On se lève de grand matin, on s'habille avec soin, on est tout le jour sur ses pieds pour attendre un moment favorable pour se faire voir, pour se présenter, et souvent on revient comme on était allé, excepté que l'on est au désespoir d'avoir perdu son temps et sa peine. « Voilà un beau lieu, dit-on. » On se regarde : « hé bien ! que ferons-nous ? » et on demeure là sans savoir, en effet, à quoi s'amuser. Ce qui me fait toujours souvenir de six lignes de vers de monsieur l'abbé Testu, dit-elle en s'adressant à la maîtresse ; les voici :

Six personnes brulant du plaisir de se voir,
Après s'être cherché, se trouvèrent un soir
Dans un bois sombre et solitaire ;
Que leur plaisir fut grand ! il passait leur espoir.
Mais après les transports du salut ordinaire,
Ils ne surent que dire, et ne surent que faire.

Car, dit madame de Maintenon, voilà ce que c'est : ils ne savent véritablement que faire, et rien ne fait plaisir. Les jours de fête sont les plus ennuyeux pour ceux qui n'ont point de piété : ils ne savent comment les employer. Il y en a parmi ces dames qui ne sont pas assez heureuses pour aimer à passer ces jours-là à l'église, comme il conviendrait; mais elles aiment l'ouvrage et sont très fâchées de n'oser travailler; pour celles qui n'ont ni piété ni goût pour l'ouvrage, tous les jours leur sont également ennuyeux, et ce sont là les moindres de toutes leurs peines. Vous voyez, mes chères filles, que voilà pourtant ce qu'il y a de plus grand dans le monde, car je vous parle des princes et princesses, des premières personnes de la cour et de celles qui sont l'objet de l'envie de tout le reste du monde; ils ne sont ordinairement contents nulle part, et s'ennuient de tout à force de chercher du plaisir; ils n'en peuvent trouver; ils vont de palais en palais, à Meudon, à Marly, à Rambouillet, à Fontainebleau, etc., dans le dessein de se divertir; ce sont des lieux admirables : vous seriez, vous autres, ravies en les voyant, mais eux s'y ennuient parce que l'on s'accoutume à tout, et qu'à la longue les plus belles choses ne font plus de plaisir et deviennent indifférentes; de plus, ce ne sont point ces choses-là qui nous peuvent rendre heureux; notre bonheur ne peut venir que du dedans. »

« Mais, Madame, dit madame de Champigny, ces demoiselles vous répondraient peut-être bien volontiers que ce ne sera pas là qu'elles iront, et qu'elles trouveront plus de plaisir et de liberté dans leurs familles. »

« Elles ont raison, dit madame de Maintenon, elles peuvent avoir assurément des plaisirs plus innocents et moins d'assujétissements à la campagne qu'on n'en a à la cour; mais il y en aura qui trouveront aussi d'étranges choses : un père au désespoir d'une mauvaise affaire, une perte de procès, etc.; un frère qui n'a pas de quoi s'équiper pour aller à la guerre; une mère triste et de mauvaise humeur pour le mauvais état où se trouve sa maison, et mille autres choses de cette nature. Elles manqueront peut-être de tout et auront à se plaindre de plus grands maux que de l'ennui. Que de gens qui ne songent pas à s'en plaindre et ont bien d'autres choses à souffrir! je le trouve en mon chemin tous les jours ; l'ennui est ma moindre peine, et je ne m'amuse pas à le compter pour quelque chose. Mais, mes enfants, quand même votre vie, par impossibilité, serait exempte de toutes sortes de peines et que vous n'eussiez que des sujets de contentement et de satisfaction, vous ne jouiriez point de ce bonheur parfait si le fond de votre cœur n'est véritablement à Dieu ; car, encore une fois, c'est de ce fonds de la conscience et du bon ou mauvais témoignage qu'elle rend que dépend véritablement notre bonheur ou notre malheur présent. »

PEU PARLER, ET SE RENDRE CAPABLE DE TOUT.

1711.

Madame de Maintenon entra dans la classe *jaune* comme on y lisait le troisième chapitre de l'épître de saint Jacques où il est dit : « Que si quelqu'un ne pèche point en paroles, c'est un homme parfait. » Elle prit la parole après la lecture et dit : « Il y a sujet de bénir Dieu de l'union qui règne parmi vous, mes enfants : on n'y voit aucuns différends, ou, s'il en arrive quelquefois, ils finissent aussitôt; ce n'est pas sur cet article que vous péchez par la langue ni par les rapports, vous en connaissez tout l'odieux ; ce que je crains le plus pour vous, comme toutes les personnes de notre sexe, c'est la quantité et l'inutilité de vos paroles. C'est un des plus grands et des plus désagréables défauts que l'on puisse avoir que d'être grande parleuse ; il suffit communément pour désigner une personne de dire d'elle : « C'est une grande causeuse, » parce que par là on dit beaucoup. Ce défaut rend fort méprisable et montre peu d'esprit. Il y a des personnes qui pensent bien autrement, et qui s'imaginent que ceux qui ne parlent guère sont des sots ; c'est les nommer très mal, puisque pour être sotte il faut avoir dit des sottises, et qu'ordinairement ceux qui parlent peu n'en disent pas, parce qu'ils ne mettent pas au jour tout ce qui leur vient en pensée, craignant de parler mal à propos. Je désire fort, mes chères filles, que vous soyez timides et que vous sachiez combien la hardiesse à parler de tout et sans être interrogé est un grand défaut dans une fille ; c'est un manque d'esprit qui fait faire bien des fautes. Le secret, pour plaire dans la conversation, n'est pas de parler beaucoup, mais de paraître écouter les autres avec plaisir, d'entrer dans ce qu'ils disent, de le faire valoir à propos. Il ne faut jamais parler de ce qu'on ne sait pas bien. Si nous voulions, par exemple, parler de guerre, nous dirions bien des choses mal à propos, parce que nous ne savons guère ce qui s'y fait ni comment tout s'y passe ; il en est de même de mille choses qui ne sont point de la connaissance de notre sexe et dont il lui siérait mal de parler, car il est de la modestie d'une fille ou d'une femme de paraître ignorer bien des choses quand même elle les saurait. Il ne faut pas non plus toujours demander ce qu'on n'entend point, mais penser et chercher en soi-même l'explication des mots selon les occasions ; il y en a que la suite d'un discours fait entendre ; mais quand on veut quelques questions, il est de la prudence de voir à qui on s'adressera et de ne pas aller à tout le monde indifféremment ; ce serait s'exposer à bien des railleries. Il faut choisir une personne sage et expérimentée qui nous dise les choses comme elles sont sans nous tromper, et qui ne se trouve point importunée de nos questions.

» Ne négligez aucune occasion, mes enfants, de vous instruire et de vous éclairer sur tout ce qu'il nous convient de savoir pour éviter de vous rendre ridicules dans le monde. Il faut tâcher, en y entrant, de commencer par y bien débuter en vous faisant estimer et en ne montrant rien que de bon, de sage et de raisonnable. Apprenez un peu de tout, vous ne savez à quoi Dieu vous destine. Les filles qui sont habiles et intelligentes trouvent aisément à se placer quand elles aiment à se rendre utiles ; elles sont bienvenues partout, c'est à qui les aura ; au lieu que celles qui sont incapables sont à charge partout et rebutées de tout le monde.

» On ne saurait croire à quel point les personnes qui ne savent rien faire sont embarrassantes dans la société. Si on les prie de faire un mémoire, d'arrêter un compte, elles répondent qu'elles n'ont point appris l'arithmétique ; si on a à cœur d'avancer un ouvrage, elles ne savent aider parce qu'elles ne le savent point faire, ce qui est aussi désagréable pour elles que pour les personnes qui auraient besoin de leurs services. Personne ne veut se charger de filles inhabiles à tout, on n'en sait que faire.

» Les mères qui élèvent leurs filles dans cette incapacité et sans leur apprendre toutes les petites choses qui les peuvent rendre utiles dans la société sont bien condamnables. Une femme ainsi élevée, qui ne sait rien faire et demeure dans cette indolence, est à charge à son mari et méprisée de tous ses domestiques ; on ne se fie pas à elle pour les moindres choses. Si elle a besoin d'une jupe, d'une paire de gants, il faut qu'elle prie son mari de la lui faire acheter, parce qu'elle n'a le maniement de rien ; au lieu que celle qui, par sa capacité, autant que par sa sagesse, a su mériter la confiance de son mari et qui règle elle-même la dépense de sa maison, n'a besoin de personne pour avoir ses nécessités. J'en connais plusieurs de cette sorte : elles sont respectées, bien servies, estimées et admirées de tout le monde ; et leurs maris sont si charmés d'elles qu'ils disent avec admiration : « Je trouve tout en ma femme, elle me sert d'intendant, de maître d'hôtel et de gouvernante pour mes enfants. » Voilà, mes enfants, comme je désire que soient celles d'entre vous qui seront engagées dans le monde ; et pour en revenir au christianisme, c'est là le personnage d'une femme chrétienne, en y ajoutant les motifs de piété et de religion dont nous parlons si souvent. « La femme, dit le Saint-Esprit dans les psaumes, est dans sa maison comme une vigne abondante. » Il ne la met pas sur le pas de sa porte, ni à la fenêtre, encore moins dans la rue ; mais, dans le fond de sa maison, occupée de son ménage. »

PLAN DE VIE D'UNE FEMME CHRÉTIENNE.

1712.

Si je suis mariée, et que mon mari me laisse maîtresse de ma conduite, dans une maison de campagne, je me lèverai à six heures en été, à sept heures en hiver.

Je prierai Dieu.

J'irai faire un tour dans la maison pour voir si mes gens sont levés et s'ils font ce qu'ils ont à faire.

Je reviendrai ensuite m'habiller ; je serai négligée et modeste, mais propre.

J'irai à la messe à l'heure qu'on la dira.

Je reviendrai voir mes enfants, si j'en ai, et, je m'en occuperai selon qu'il conviendra à leur âge.

Je travaillerai jusqu'au dîner, après lequel je me retirerai quelque temps, avec la compagnie, s'il y en a.

Si je suis seule, je travaillerai, je lirai.

J'écrirai pour mes affaires.

J'instruirai mes enfants.

J'irai me promener vers le soir.

Je reviendrai souper à huit heures.

Je m'amuserai ensuite.

Je ferai la prière, à dix heures, avec mes domestiques.

Puis je me coucherai.

Je m'informerai si mes gens fréquentent les sacrements

S'ils ne jurent point;

S'ils ne s'enivrent point;

S'ils sont bien instruits.

J'irai les dimanches, après vêpres, visiter les pauvres du village.

J'épargnerai pour donner l'aumône.

Je fréquenterai les sacrements.

Je dirai quelques bonnes choses à mes gens les veilles des grandes fêtes.

Je ne souffrirai que ceux qui vivent en bons chrétiens.

Mais je les attendrai avec patience tant qu'ils ne seront pas scandaleux.

CONDUITE

QUE LES DEMOISELLES DE SAINT-CYR DOIVENT GARDER DANS LE MONDE, LORSQU'ELLES Y RETOURNENT A DESSEIN DE S'Y ÉTABLIR (1).

1717.

1.

Elles doivent, durant les deux ou trois dernières années de leur éducation dans la royale maison de Saint-Louis, s'appliquer sérieusement à se faire un fonds de foi, de reli-

(1) Cette instruction résume tous les avis que madame de Maintenon a donnés pour la conduite des demoiselles de Saint-Cyr dans le monde. Elle l'écrivit à quatre-vingt-deux ans. Ce fut en quelque sorte son testa-

gion et de piété qui puisse les soutenir au milieu des périls et des scandales du monde sans prendre part à sa corruption.

2.

C'est dans cette vue qu'au lieu de désirer la fin de leur assujétissement dans cette sainte maison, elles doivent craindre d'en sortir trop tôt et avant de s'être assez affermies dans le bien pour ne pas se trouver trop faibles aux occasions dangereuses auxquelles elles vont être exposées, de prendre l'esprit du monde, de se livrer au mal et de se laisser aller au péché.

3.

Elles doivent sur toutes choses bien consulter leurs confesseurs sur leurs inclinations naturelles les plus dangereuses, sur leurs mauvais penchants et sur les occasions les plus funestes auxquelles elles peuvent être exposées, afin de se prémunir et de se fortifier, dans ce lieu de paix et de sûreté où elles se trouvent, contre tant d'assauts qu'elles auront à soutenir, et contre tant de dangers auxquels elles vont être exposées.

4.

Il est bon qu'avant de sortir de cette sainte maison où elles ont été élevées avec tant de tendresse, de bonté et de zèle, elles fassent leurs dévotions et s'approchent des sacrements, pour remercier Dieu des grâces qu'elles ont reçues dans cet asile, et pour lui demander celles qui leur seront

ment à ses chers enfants : aussi elle y parle de son œuvre avec une chaleur, une solennité, une foi qui témoigne bien que Saint-Cyr a été la grande pensée de sa vie. Elle ordonna que cet écrit fût donné aux demoiselles, pendant qu'elles étaient dans la classe bleue, et qu'il fût emporté par celles qui retournaient dans le monde. La Bibliothèque impériale possède un exemplaire de cet imprimé, qui est assez rare.

(*Note de* M. TH. LAVALLÉE.)

nécessaires dans ce criminel et malheureux monde où elles sont sur le point d'entrer.

5.

En entrant dans le monde, elles ont deux écueils à éviter : le premier, est de craindre trop ; le second, est de ne pas craindre assez. Une trop grande crainte les rendrait timides, honteuses et en quelque sorte ridicules aux personnes auprès desquelles elles ont à vivre ; une trop grande assurance pourrait les exposer d'abord à quelques dangers. Pour prendre un juste milieu, elles doivent ne s'avancer dans le monde que pas à pas, et demeurer le plus qu'il est possible auprès de leurs mères, de leurs tantes, ou des autres dames vertueuses qui se trouvent dans l'obligation de les former et de les conduire peu à peu dans les compagnies pour les faire connaître d'abord à leurs familles, et ensuite parmi la noblesse du voisinage.

6.

Il y a deux autres écueils à éviter : le premier, est de vouloir vivre dans le monde comme à Saint-Cyr ; le second est de vivre tellement à la façon du monde qu'il ne paraisse plus aucun vestige de la bonne éducation qu'on a reçue dans cette sainte maison. La première manière de vivre, quoique bonne et sainte, serait impraticable et trop importune. La deuxième façon d'agir serait ridicule, surprenante et scandaleuse. Il faut donc retenir de Saint-Cyr la piété, la modestie, la douceur, la docilité, la vie réglée, la crainte de Dieu, son divin amour et la fidélité à tous ses devoirs, et il faut joindre à toutes ces vertus une façon d'agir noble, libre, aisée, commode, paisible, uniforme, qui ne rebute personne et qui fasse plaisir à chacun.

7.

Ce qu'il faut conserver avec plus de soin, c'est une foi vive de toutes les vérités du salut, une parfaite confiance en

Dieu, une véritable charité chrétienne, beaucoup de religion, une extrême horreur du péché mortel et du véniel, une fuite exacte de la corruption du monde, et des occasions d'offenser Dieu, telles que sont les vanités et les pompes du siècle, les spectacles, les mauvaises compagnies, les jeux défendus, les conversations trop libres. La fuite de l'oisiveté, l'assiduité à un travail honnête et bienséant à l'âge et à la qualité des personnes, sont d'un grand secours, et il faut faire tout cela comme naturellement, sans qu'il y paraisse aucune gêne ni contrainte.

8.

Quoique la vie qu'on mène dans le monde, toute sainte qu'elle puisse être, soit sujette à bien des dérangements presque inévitables, il y faut pourtant avoir quelque règlement de vie solide et praticable, duquel on se rapproche autant qu'il est possible ; et dans ce règlement il faut faire entrer le lever du matin à une heure commode, puis le temps de la prière et d'un peu de méditation et de réflexion sur quelqu'une des pensées chrétiennes, la sainte messe, autant qu'il est possible, les prières avant et après le repas, quelques lectures pieuses l'après-midi, et les prières et l'examen général avant de se coucher ; et il vaut mieux prendre peu de pratiques et s'y rendre bien fidèle que d'en prendre beaucoup sans y être fidèle.

9.

Le bon et fréquent usage des sacrements est l'un des plus puissants moyens dont les demoiselles de Saint-Cyr se puissent servir pour perpétuer dans elles l'esprit de leur sainte éducation, et pour se conserver longtemps exemptes de péché et appliquées à la pratique des vertus chrétiennes. Il est donc à propos qu'elles se confessent tous les huit jours ou tous les quinze jours ; ou tout au plus tard tous les mois, et qu'elles s'approchent de la sainte communion suivant l'ordre et les avis d'un sage confesseur, qu'elles doivent demander à Dieu avec instance, choisir avec beaucoup de soin, et ne le pas quitter légèrement et sans y être comme forcées par les événements ou par des nécessités indispensables.

10.

Tant que les demoiselles resteront dans leurs familles sous la conduite de leurs parents ou de leurs tuteurs ou curateurs, elles doivent leur obéir en toutes choses licites et honnêtes comme à Notre-Seigneur Jésus-Christ même, dont ces personnes leur tiennent la place, et se souvenir qu'ayant été presque toute leur vie dans l'exercice de l'obéissance, elles la doivent pratiquer avec plus de facilité et de perfection que leurs frères et sœurs, qui n'ont pas eu le même avantage. Elles doivent vivre cordialement avec leurs frères et sœurs, observer cependant à leur égard même toutes les règles de la modestie et de la retenue requises dans des demoiselles chrétiennes. Il n'est pas à propos qu'elles se familiarisent par trop avec les serviteurs et les servantes de leurs maisons, pour éviter de très grands inconvénients ; et si dans leurs familles elles se trouvaient par malheur exposées à quelques occasions prochaines d'offenser Dieu, elles prendront au plus tôt de justes mesures avec leurs confesseurs ou avec leurs mères pour quitter tout-à-fait, s'il est possible, ces sortes d'occasions, ou pour les rendre éloignées, de prochaines qu'elles sont ; et à cet égard il ne faut pas trop temporiser, de peur que, s'accoutumant au péril, on ne vienne malheureusement à y périr.

11.

Celles qui se croient appelées à l'état de mariage doivent être persuadées qu'elles y parviendront plutôt par la modestie, la pudeur, la retenue et les autres vertus qui rendent les demoiselles vertueuses plus respectables, que par l'enjouement, la parure, le luxe des habits, la trop grande liberté. Les jeunes hommes sages et vertueux qui pensent à se marier veulent des épouses sages, retenues, modestes et vertueuse mais les folâtres, au contraire, lorsqu'il est question d'engagements, se retirent sous différents prétextes.

12.

Lorsque la divine Providence leur présente, par le choix de leurs parents ou de quelques autres personnes sages et bien affectionnées à leur vrai bien, une occasion favorable de se marier chrétiennement, elles doivent la recevoir comme de la main de Dieu avec reconnaissance, la ménager avec soin, et ne jamais rien faire ni souffrir dont les yeux de Dieu puissent être offensés et dont elles-mêmes puissent rougir. Une demoiselle chrétienne qui est chaste, pure, grave, modeste, est déjà dotée d'une façon très avantageuse. Elle doit, au reste, prendre un époux qu'elle puisse aimer, et avec lequel elle puisse vivre commodément et mourir saintement. Il faut qu'il ait du bien; mais le principal est qu'il soit homme sage, doux, sensible, vertueux et bon chrétien.

13.

Elles doivent, sur toutes choses, prendre bien garde d'entrer dans le mariage avec des vues pures d'y glorifier Dieu, de s'y sauver et d'y élever des enfants dans sa sainte crainte et dans son divin amour, et de se soutenir de l'avis sage et prudent que le saint jeune homme Tobie donna à son épouse le jour de leurs noces : « Nous sommes les enfants des saints, et nous ne devons pas nous marier comme les païens, qui ne connaissent point Dieu. » Elles doivent sur ce modèle dresser et purifier leurs intentions, et se préparer à la grâce du mariage, si nécessaire pour toute la suite de leur vie, par les sacrements de pénitence et d'eucharistie.

14.

Nous n'entrerons pas dans le détail des devoirs des personnes mariées, il y a des livres faits exprès pour les expliquer et les établir, qui est entre les mains d'un chacun ; il suffit de dire ici qu'une demoiselle de Saint-Cyr que Dieu a appelée au saint état du mariage doit aimer son époux, après Dieu, plus que toute personne ; qu'elle doit le respecter et lui obéir en toutes choses selon Dieu ; qu'elle doit aider à le sauver, le supporter dans ses défauts, le consoler dans ses peines et lui être fidèle jusqu'à la mort.

15.

Si Dieu bénit son mariage et qu'il lui donne des enfants, elle doit les élever avec tout le soin possible dans les mêmes principes dans lesquels elle a été élevée dans la maison de Saint-Louis ; qu'elle les forme surtout à la crainte de Dieu, à la fuite du péché, à la piété, à l'étude des vertus et à la pratique des bonnes œuvres ; et si elle est pauvre et qu'elle puisse procurer à l'une de ses filles l'éducation dont elle a été favorisée de Dieu, c'est le plus grand bien qu'elle lui puisse procurer.

16.

Celles d'entre elles qui veulent rester dans le monde et dui ne veulent pas se marier, ou qui ne le peuvent pas faire q'une façon convenable, doivent être extrêmement sur leurs gardes, pour ne pas trop s'exposer si elles restent dans leurs propres familles ; que si elles peuvent en sortir, elles seront plus à l'abri dans des communautés de filles régulières ou séculières en qualité de pensionnaires, et alors elles pourraient sans peine continuer la vie qu'elles ont menée à Saint-Cyr dans leur enfance, et il semble que ce parti est le plus sûr pour celles qui ne se croient pas appelées à la *religion* et qui veulent vivre dans le célibat, à moins qu'elles n'aient quelques parentes pieuses et fort retirées avec lesquelles elles puissent vivre.

17.

Quant à celles qui seraient ennemies de tout assujétissement et qui ne voudraient ni se faire religieuses ni se marier, mais demeurer filles dans la vue d'une plus grande liberté, je ne les croirais pas bien assurées ni pour leur repos, ni pour leur honneur, ni pour leur salut. Il faut un état fixe, qui arrête la légèreté de l'esprit et l'inconstance du cœur; autrement il arrive souvent qu'après avoir refusé de bons partis dans un âge favorable, on s'engage follement et sans bienséance dans un âge avancé; on prépare la scène au public, et on se rend malheureuse pour le reste de ses jours.

18.

Enfin, quelque âge qu'elles aient, en quelque état qu'elles se trouvent et quelque parti qu'elles prennent, elles doivent ne jamais oublier qu'elles sont nées demoiselles, qu'elles sont chrétiennes, qu'elles ont été élevées noblement et saintement à Saint-Cyr, dans la royale maison de Saint-Louis, et qu'à tous égards elles ont des devoirs importants à remplir, si elles veulent, en mourant, être en état de rendre grâces à Dieu de tant de biens différents qu'elles ont reçus de sa bonté sur la terre, et en recevoir le comble dans le ciel.

DIALOGUE

ENTRE LA PRINCESSE PULCHÉRIE ET UN SOLITAIRE (1).

PULCHÉRIE.

Serviteur de Jésus-Christ, qui consumez vos jours dans les

(1) Si ce dialogue, très pratique et bien digne de la méditation des jeunes personnes riches, n'est pas en entier l'œuvre de madame de Maintenon, il est au moins certain qu'il a été inspiré et corrigé par elle.

(*Note des Editeurs.*)

exercices d'une vie sainte et pénitente, qui passez une partie de la nuit à louer le Seigneur, à méditer ses bontés, et qui avez plus de commerce avec le ciel qu'avec la terre, je vous prie d'éclairer mes doutes par vos lumières, et de soutenir par vos avis ma volonté chancelante dans le bien.

Je vous prie d'abord de me dire pourquoi je me sens dégoûtée de tous les plaisirs du monde, quoique je les aime encore. Je devrais être la plus heureuse princesse du monde; à l'âge de quinze ans je me vois maîtresse de l'univers, tout m'obéit dans cet empire; mon frère Théodose me donne autorité; une nombreuse cour, empressée à me plaire, me suit sans cesse; ce palais est le plus beau du monde; Constantin et le grand Théodose l'ont enrichi des dépouilles des nations vaincues; sa situation avantageuse, l'art et la nature, tout concourt à l'embellir. Mes richesses sont immenses; ce que l'univers a de plus rare se trouve dans mes trésors; les jeux, les grâces et les ris accompagnent mes pas; tout flatte ici mes inclinations; au milieu de tant d'avantages je m'ennuie à la mort, rien ne me plaît; dégoûtée d'un plaisir, j'en cherche un autre plus vif et plus sensible; celui-ci me déplaît comme l'autre, j'en cherche un troisième. Lasse enfin de tous les plaisirs, je trouve des chagrins inépuisables dans ce qui paraît à toute la terre être le comble du bonheur.

LE SOLITAIRE.

Je ne suis pas surpris, ô princesse, de vos ennuis; Salomon, comblé de richesses et de gloire, dans une vive jeunesse, dans l'abondance et les plaisirs, s'ennuyait comme vous, et il avoue que dans tout ce qui peut flatter l'homme, il n'a trouvé que vanité et affliction d'esprit. Dieu vous destine, Madame, à des plaisirs plus solides; les plaisirs de ce monde coûtent beaucoup, durent peu, sont suivis d'amertumes, rien de plus borné. Si vous passez les limites que la raison prescrit, ce n'est pas un plaisir, mais une peine; manger est un plaisir; manger avec excès est une vraie peine, n'avoir qu'un sommeil inquiet, être livré au maladies et aux incommodités qui suivent l'intempérance; se promener est un plaisir, la trop longue promenade est une fatigue et un travail. Si vous passez les bornes prescrites par la loi de Dieu, bien loin d'être un plaisir, c'est un supplice; les remords de la conscience, la présence d'un Dieu qui voit tout, l'enfer destiné aux coupables, et le ciel, dont le péché nous bannit, les malheurs mêmes de cette vie qui suivent de près le péché, ne permettent pas d'en goûter la douceur.

Ne vous étonnez pas, ô princesse, que des plaisirs si imparfaits ne puissent contenter un cœur à qui Dieu prépare un plaisir parfait, infini, éternel, la possession de lui-même.

PULCHÉRIE.

Vous parlez d'un plaisir parfait, infini, éternel, mais qu'on ne goûte que dans l'autre vie; faut-il donc, en celle-ci, se priver de toutes satisfactions? Faut-il que je fuie la société des personnes de mon âge qui m'environnent? Condamnez-vous des plaisirs innocents? La piété consiste-t-elle à devenir sauvage, à vivre dans un silence triste et morne? J'aimerais autant mourir.

LE SOLITAIRE.

La piété ne condamne point, ô princesse, les plaisirs innocents. Un chasseur fut, un jour, surpris de voir le grand apôtre saint Jean jouer avec une perdrix; saint Jean lui répondit que l'esprit, comme un arc, ne peut pas être toujours tendu.

Une princesse chrétienne peut prendre les plaisirs innocents nécessaires pour conserver la santé et entretenir la vigueur de l'esprit, qui s'abat et s'épuise par une trop longue application.

Elle peut prendre les plaisirs innocents nécessaires qui

lient et qui entretiennent la société des personnes qui l'accompagnent. On se fait une fausse idée de la piété si on la croit sauvage ou farouche. La véritable piété est la charité, et la charité est douce, bienfaisante, gracieuse; elle éloigne les caprices, les bizarreries et les inégalités; elle est affable, accessible, prévenante, assurant ceux que la timidité empêcherait de parler.

Le grand Théodose, votre aïeul, dans le temps de sa pénitence, dans la plus vive amertume de sa douleur, essuyait de temps en temps ses larmes pour paraître d'une manière agréable aux seigneurs qui l'environnaient; il le faisait par un esprit de charité, afin d'unir les cœurs pour le bien de l'empire, et par un esprit d'humilité, pour faire voir qu'il était loin de mépriser les hommes (quoique ses sujets) que Dieu a créés, que Jésus-Christ a rachetés, et qui sont héritiers de la même gloire. Vous savez combien ces ménagements, que sa charité et son humilité lui inspirèrent, rendirent son grand cœur aimable à tout l'univers.

On peut donc prendre des plaisirs innocents par charité, par humilité, par nécessité; mais il y a des plaisirs bien plus précieux et plus estimables, des joies intérieures que le Saint-Esprit forme, des consolations célestes que Jésus-Christ repand dans l'âme, et celui qui les a goûtées trouve fades et insipides les plaisirs de la terre.

PULCHÉRIE.

Vous me parlez des plaisirs intérieurs et des saintes voluptés, qui sont le partage des justes en cette vie; mais qui les a éprouvés? Ne sont-ce point de pieuses rêveries, de vaines idées sans réalité? Me feriez-vous bien voir que l'apôtre saint Paul a connu ces joies intérieures et qu'il les a goûtées? Je vous assure que j'ai besoin d'une autorité aussi grande que la sienne pour me persuader une vérité si peu connue dans le monde.

LE SOLITAIRE.

Vous ne pouvez choisir un juge dont l'autorité soit plus grande et qui décide, en même temps, plus clairement en ma faveur; écoutez donc ce grand apôtre : « *Le royaume de Dieu*, nous dit-il, *est la paix de la joie.* » Il y a donc une paix et une joie que le Saint-Esprit forme. Il avait goûté ce qu'il enseigne : « *Je suis comblé de joie*, dit-il dans un autre endroit, *je nage dans la joie au milieu de mes souffrances; à proportion que mes souffrances augmentent et se multiplient, à proportion ma consolation augmente par Jésus-Christ.* » Il faut que ces consolations soient bien touchantes et bien sensibles, puisque saint Paul, dans la plus violente des persécutions qu'il souffrait à Ephèse, où il nous dit qu'il attendait à chaque moment la mort, que la vie lui était devenue ennuyeuse, qu'il avait à combattre contre les hommes aussi cruels que les bêtes, toutefois était comblé de joie.

Les martyrs connaissaient bien la force de ce charme, lorsqu'au milieu des plus cruels supplices une joie céleste brillait sur leur visage, quand ils disaient : « Le corps ne sent rien dans les douleurs, lorsque l'esprit est dans le ciel, » et qu'ils préféraient le bonheur de répandre leur sang pour Jésus-Christ à tous les avantages du monde. Les amateurs du monde ne connaissent point ces vérités. Il ne faut point s'en étonner, dit saint Paul : l'homme animal, l'homme charnel, ne comprend point les choses de l'esprit, elles lui paraissent une folie; qu'ils sont dignes de compassion, ces amateurs de la vanité! Ils courent toute leur vie après un fantôme qui leur échappe; ils changent de plaisirs, il les outrent, les portent à l'excès; ils ne sont jamais contents, ils ne connaissent point la vérité; ils préfèrent le faux d'un verre fragile au diamant solide de notre solitude. Nous passons une partie de notre vie à déplorer ces malheurs, et nous demandons à Dieu, dans toutes nos prières, qu'il veuille bien les détromper, qu'il leur ouvre les yeux et qu'il leur fasse connaître quels sont les plaisirs solides et durables. Les divines douceurs n'ont-elles jamais sollicité votre cœur dans l'innocence de votre baptême? Pendant vos prières, recevant la sainte eucharistie, n'avez-vous pas reçu quelques gouttes de la rosée céleste? Ecoutant une exhortation touchante, votre cœur n'a-t-il pas été ému? N'avez-vous pas dit comme les disciples d'Emmaüs : « Notre cœur n'était-il pas tout brûlant pendant qu'il nous expliquait les Ecritures! »

Il me paraît, autant que je puis avoir de discernement des âmes, que vous êtes prévenue de la grâce de Dieu; mais craignez, ô princesse, que la contagion du siècle, la vivacité des passions, la légèreté de la jeunesse, l'envie de plaire, l'attachement à une beauté fragile, véritable idolâtrie, ne soient un obstacle aux desseins de Dieu sur vous; craignez que les vains applaudissements que la cour donne aux imperfections, même les princes, ne soient les épines qui étouffent en vous le bon grain; l'idolâtrie de soi-même, l'attachement aux vanités, sont par eux appelés bienséance; ils appellent la gourmandise bon goût, la fierté et les airs méprisants, noblesse et grandeur d'âme; la mollesse, l'oisiveté, discrétion; c'est ainsi qu'ils désignent les vices pour les rendre moins affreux. Si l'on n'est bien sur ses gardes, on se laisse insensiblement enchanter, on néglige la prière, la lecture, on communie par bienséance, sans goût, sans amour, on perd la grâce; l'âme, dépouillée de ses ornements célestes dans la tentation, succombe aux efforts de l'ennemi et devient sa proie. Je prie de tout mon cœur le Seigneur qu'il vous préserve de ce malheur.

PULCHÉRIE.

Il est vrai, j'ai reçu bien des grâces, je me suis sentie prévenue dès mon enfance; mais je n'ai pas ménagé ces grâces comme je devais. A présent je me sens touchée des exhortations du bienheureux Attique, évêque de cette ville : elles me font beaucoup d'impression; j'aime à entendre parler de Dieu, et souvent, quand on en parle, les larmes me viennent aux yeux ; je suis quelques jours à lire, à prier plus qu'à l'ordinaire, mais bientôt la jeunesse, le plaisir, la dissipation, m'emportent ; je vois le bien, je l'aime, je désire le pratiquer, et je n'en ai pas la force ; je voudrais qu'une main toute-puissante et favorable m'arrachât aux faux plaisirs que je cherche, et pût m'attacher à Dieu pour toujours. Je comprends bien que je ne serai jamais contente que je ne serve Dieu avec fidélité ; donnez-moi, je vous prie, quelque moyen pour fixer l'instabilité de ma volonté, car enfin je veux me sauver.

LE SOLITAIRE.

Dieu vous aime, Madame, et les grâces que vous avez reçues sont une heureuse assurance de celles qu'il veut encore vous faire ; mais si vous n'êtes fidèle à la grâce, craignez qu'il ne vous abandonne. Dieu aimait Jérusalem, Notre-Seigneur la visite, l'exhorte et la presse, pleure son incrédulité ; il l'abandonne enfin, elle est réduite en poussière, et est, à la postérité, l'exemple le plus terrible de la justice de Dieu. « Qui a résisté à Dieu, dit Job, et a trouvé la paix? » Que gagnerez-vous à lui résister, et que n'avez-vous point à craindre en lui résistant? Croyez que Dieu n'a pas besoin de vous, et que vous avez un besoin essentiel de lui ; cependant il vous cherche, et vous le fuyez. Votre grandeur, votre naissance, vos biens, vos armées, ne pourront vous dérober à sa justice ; vous paraîtrez seule devant lui : plus de distinction, plus de cour, plus de flatteurs ; qu'une paysanne simple et fervente sera plus heureuse alors que tous les grands du monde qui ont négligé leur salut ! Il est encore temps, princesse, de vous donner à Dieu, mais ne tardez pas un seul moment, de peur que vous n'entendiez cette parole terrible qu'il prononça autrefois contre Israël dans le désert : *J'ai juré dans ma colère qu'ils n'entreront point dans mon repos.* Profitez de cet avis, princesse, Dieu m'inspire de vous parler ainsi.

PULCHÉRIE.

Oui, je suis résolue de répondre à la grâce, je n'ai que trop tardé; je regrette les moments que je n'ai pas donnés à ce grand Dieu qui demande mon cœur; je veux me donner à lui sans réserve; que mon cœur ne brûle que pour lui, que mon esprit ne soit occupé que de ses bontés; je veux employer l'autorité qu'il me donne pour le faire adorer; je n'oublierai rien pour porter mes frères et mes sœurs, et même tous les peuples de cet empire, à l'aimer; mais, dites-moi, je vous prie, quelle règle je pourrais suivre dans les exercices de piété.

LE SOLITAIRE.

Il est certain qu'on ne peut se soutenir dans le bien si on ne pratique certains exercices de piété; l'amour de Dieu est une flamme qui a besoin de nourriture; le feu de la lampe s'éteint si l'huile n'est pas renouvelée. Nous ne pouvons rien sans la grâce, et la grâce nous est communiquée par les pratiques saintes : recevoir les sacrements, non par bienséance, ou par coutume, mais pour soutenir notre faiblesse, pour enflammer notre cœur, nous remplir de Jésus-Christ; lire la parole de Dieu, qui est toute de feu, qui sanctifie l'âme par son onction; prier en particulier pour s'humilier devant Dieu et demander ses besoins; prier en public pour donner bon exemple et pour obtenir plus facilement, par les demandes réunies des fidèles assemblés, au milieu de qui Notre-Seigneur a promis de se trouver. Pourquoi une princesse se priverait-elle du secours si efficace de la prière publique, qui fait à Dieu une violence agréable? A-t-elle moins besoin de la grâce, parce qu'elle est princesse?

PULCHÉRIE.

Je suis très persuadée que ces exercices sont très salutaires, mais comment les unir à mes devoirs? Mon premier devoir n'est-il pas de songer à la sûreté, à l'ordre, au bonheur de l'empire, dont mon frère m'a confié le soin?

LE SOLITAIRE.

Ce devoir n'est point opposé à l'autre : on trouve du temps pour tout quand on le sait ménager; il n'y a qu'à se régler l'heure du lever et du coucher, l'heure de la prière, des affaires, des repas, des divertissements innocents. La prière doit être placée avant toute chose : le matin, avant que personne entre, il vous est facile, fléchissant les genoux, de penser à ce que vous êtes, ce que vous serez un jour, quelles sont vos obligations, quelle fidélité vous avez à les remplir, quelles sont vos passions, quelle est votre application à les vaincre, quels biens négligés, quelles bonnes œuvres pratiquées; enfin, combien de piéges partout sous vos pas. Lire une page de la parole de Dieu, la lire doucement, vous arrêtant aux endroits les plus touchants pour vous en pénétrer; demander à Dieu la grâce de ne point l'offenser et de bien remplir vos devoirs; vous trouverez des forces dans cette prière pour vous soutenir contre la corruption du siècle, contre l'attrait de l'amour-propre. J'aurais encore plusieurs choses à vous conseiller, mais j'aime mieux les réserver pour un autre entretien. Pratiquez cependant le conseil que je vous donne, ô princesse, et vous reconnaîtrez par votre propre expérience combien il est utile.

PULCHÉRIE.

J'ai de l'empressement d'apprendre ce que vous avez à me dire; j'ai aussi plusieurs questions à vous faire, ce sera pour la première conversation; en attendant, priez Dieu que je profite des lumières qu'il me donne.

—

La princesse Pulchérie, pour entrer dans les vues du solitaire, devrait, dans les commencements, régler ainsi sa journée : se lever un quart d'heure plus tôt qu'elle n'a coutume, et, avant que personne entre, se mettre à genoux, invoquer le Saint-Esprit, dire un *Ave* pour saluer la sainte Vierge, enfin lire une page de l'*Imitation de Jésus-Christ*, la lire posément et s'arrêter aux endroits qui la toucheront davantage; lire un verset, ou deux, ou trois, réfléchir un peu de temps sur ces vérités, lire encore, puis s'arrêter, et ainsi jusqu'à la fin, et, après avoir lu, demander à Dieu la grâce de pratiquer ce qu'elle vient de lire, penser quelle doit être sa fin, que l'heure de la mort s'approche, songer quelles occasions d'offenser Dieu elle pourra trouver pendant la journée, demander à Dieu la grâce de les éviter.

Il sera bon de lire le chapitre entier, quand il ne sera pas trop long.

Après ce quart d'heure faire le lever à l'ordinaire et la prière publique ; y dire le *Pater*, *Ave*, *Credo*, *Confiteor*, selon la coutume, etc.

Avoir soin, dans l'ajustement, que la modestie et la bienséance soient inséparables, pour ne se pas charger des péchés d'autrui.

Assister au saint sacrifice avec toute l'attention et le respect possible, et donner cet exemple au peuple; dans le repas, garder les règles de la tempérance et ne pas faire un dieu de son goût.

Dans le divertissement, se modérer, se souvenir, au moins un petit moment par jour, que Dieu nous aime et qu'il nous voit.

Sur le soir, faire lire à quelqu'un, pendant le travail, un chapitre de l'Evangile, je dis pendant le travail, car l'oisiveté est la source des vices.

Le soir, avant le sommeil, examiner si on a été fidèle à

cette règle, les fautes que l'on a pu commettre, les occasions qui y ont fait tomber, pour les éviter une autre fois; cette règle, toute légère et facile qu'elle est, peut avoir de très heureuses suites.

Pendant la réflexion du matin, qui consacrera à Dieu les premières pensées, dans ce silence Dieu se fera sentir à l'âme avec une sainte volupté, et la princesse sera charmée des bontés de Dieu et des douceurs célestes qu'il versera dans son cœur, qui la dégoûteront des plaisirs du monde, dont elle connaît déjà la fausseté et le néant.

Qu'elle éprouve sept jours de suite ce petit exercice, elle trouvera qu'insensiblement son cœur se changera, et, après un mois, elle sera étonnée de se trouver toute autre; je dis de le faire de suite, car le faire un jour, et en manquer trois, c'est ne rien faire; elle peut ordonner qu'on la réveille un quart d'heure plus tôt qu'elle n'a accoutumé.

Pratiquant fidèlement ces exercices, elle connaîtra la vérité de ces paroles de David : *Goûtez et voyez combien le Seigneur est doux.*

CONVERSATIONS

SUR LA BONNE HUMEUR

SCÈNE PREMIÈRE.

PLACIDE.

On dit que mademoiselle Victoire est allée à la campagne, et qu'elle mène avec elle mademoiselle Hortense.

VALÉRIE.

Je l'ai ouï dire, et mademoiselle Irène est bien affligée de cette préférence.

PLACIDE.

Elle est surprenante en effet, car je ne vois point de femme plus aimable que mademoiselle Irène.

VALÉRIE.

Je suis de votre goût, je la trouve charmante; elle est agréable de sa personne, elle a beaucoup d'esprit, elle est adroite à tout, elle est d'une gaicté à en inspirer aux autres, et si j'étais à portée de faire amitié avec elle, je la préférerais à tout ce que je connais.

PLACIDE.

Je demeure d'accord de ce que vous en dites, mais avec tout cela elle n'est pas fort aimée.

VALÉRIE.

C'est peut-être qu'on l'envie; il y a des gens qui ne peuvent souffrir le mérite, et qui croient qu'on leur dérobe les louanges qu'on donne aux autres.

PLACIDE.

Voici la bonne amie de mademoiselle Hortense.

SCÈNE DEUXIÈME.

PLACIDE.

Vous avez perdu pour quelques jours votre compagnie ordinaire, Mademoiselle.

CONSTANCE.

Il est vrai, j'en suis dans un ennui que je ne puis dire.

VALÉRIE.

Il faut que mademoiselle Hortense ait des qualités cachées qui la rendent aimable, car ce qui paraît n'a, ce me semble, rien d'extraordinaire.

CONSTANCE.

Si vous la connaissiez, vous comprendriez qu'on ne peut se passer d'elle quand on la connaît.

PLACIDE.

Est-ce un grand esprit?

CONSTANCE.

Non, elle l'a médiocre et peu cultivé.

VALÉRIE.

Est-elle divertissante?

CONSTANCE.

Elle est naturellement assez sérieuse.

PLACIDE.

Elle aime les plaisirs, apparemment, et la conversation?

CONSTANCE.

Elle entre dans tout ce qu'on veut, mais il ne lui paraît aucun goût particulier.

VALÉRIE.

Je crois pourtant qu'elle ne s'accommoderait pas de la solitude, et elle n'est presque jamais chez elle.

CONSTANCE.

C'est que ses amies ne la laissent pas respirer; mais quand elle est chez moi et que mes affaires m'obligent à la quitter, il ne paraît pas qu'elle s'ennuie dans sa chambre.

PLACIDE.

Osez-vous ainsi la laisser seule, quand vous avez voulu la mener chez vous pour vous divertir ensemble?

CONSTANCE.

On ose tout avec elle : on la prend, on la laisse, on s'occupe des autres devant elle, on lui montre des afflictions, on parle de ses affaires, on l'oublie, on se croit seule avec elle quand on veut être seule, et on trouve une bonne compagnie en elle quand on ne veut plus être seule; enfin il n'y a rien de fâcheux avec elle que de la quitter.

VALÉRIE.

Vous êtes prévenue en sa faveur.

PLACIDE.

Je ne m'accommoderais guère, si j'étais chez une personne, qu'elle me laissât ainsi, et il me semble que quand on veut ses amies avec soi, il faut s'occuper d'elles.

CONSTANCE.

Mon amie s'accorde de tout; je vous laisse pour aller lui écrire.

SCÈNE TROISIÈME.

BLANDINE.

Savez-vous que mademoiselle Irène est brouillée avec la meilleure de ses amies?

VALÉRIE.

Comment peut-on se brouiller avec une personne comme celle-là? en savez-vous le sujet?

BLANDINE.

On m'en a dit quelque chose; mais voici mademoiselle Lucile qui sait toujours tout, et qui nous le dira.

SCÈNE QUATRIÈME.

BLANDINE.

Nous parlions du démêlé de mademoiselle Alexandrine avec mademoiselle Irène. En savez-vous les particularités?

LUCILE.

Oui, assurément, je le sais, puisque j'en suis la cause en partie.

VALÉRIE.

Si on peut vous la demander sans indiscrétion, nous vous prions de nous conter cette aventure.

LUCILE.

J'étais allée faire une visite à mademoiselle Alexandrine, et il y avait un quart d'heure que j'étais avec elle, quand mademoiselle Irène y est arrivée. Il m'a paru que mademoiselle Alexandrine la recevait fort bien, cependant elle n'en a pas été contente, et a dit d'un air fort aigre : Je crois être arrivée fort mal à propos, et que le mieux que je pourrais faire serait de m'en retourner. — Pourquoi, a dit mademoiselle Alexandrine, voulez-vous croire qu'on n'est pas ravie de vous voir? — Parce que je le vois, a-t-elle repris brusquement, et que vous avez été embarrassée quand je suis entrée. — Point du tout, lui avons-nous répliqué, nous n'avions rien de particulier à dire. — Est-ce que vous êtes chagrine? lui a dit mademoiselle Alexandrine. — Chagrine? a-t-elle repris, je ne le suis jamais; voulez-vous me faire passer pour bizarre? — Non, lui a répondu son amie; mais on peut en avoir des sujets. — Ce n'est pas d'aujourd'hui, répliqua-t-elle, que je vous déplais, et je ne vous importunerai plus de mes visites. Sur cela, elle s'en est allée, sans que nous ayons pu la retenir. J'ai pressé mademoiselle Alexandrine de courir après elle; mais j'ai été fort surprise, quand elle m'a dit qu'elle était bien aise d'être défaite de ce commerce-là, et qu'il n'y a pas moyen de vivre longtemps avec elle; ainsi je crois qu'elles ne se raccommoderont pas.

VALÉRIE.

Si une autre que vous me disait ce que vous venez de conter, je ne le pourrais croire.

SCÈNE CINQUIÈME.

PLACIDE.

Vous voilà de retour, Mademoiselle, et dans la meilleure santé du monde?

VICTOIRE.

Il est vrai que je me porte fort bien, et les quinze jours que j'ai été à la campagne m'ont paru bien courts.

PLACIDE.

Y aviez-vous bien du monde?

VICTOIRE.

Je n'avais que mademoiselle Hortense, et je n'en désirais pas davantage.

PLACIDE.

Il faut avoir une grande amitié, pour passer ses jours tête-à-tête.

VICTOIRE.

Cette amitié n'était pas fort grande quand je l'ai priée de venir avec moi, mais il ne tiendra qu'à elle à l'avenir qu'elle ne soit ma meilleure amie.

PLACIDE.

Cette personne a un charme; car je vois tout ce qui la connaît sur ses louanges, et c'est à qui l'aura.

VICTOIRE.

Son charme est son humeur.

PLACIDE.

J'aimerais mieux l'esprit de mademoiselle Irène que la meilleure humeur du monde.

VICTOIRE.

Vous ne penserez pas toujours de même; l'esprit peut plaire davantage en passant, et donne des moments de plaisir plus vifs; mais pour vivre ensemble, l'humeur est préférable à tout. Mademoiselle Irène est agréable quand il lui plaît, mais il faut prendre son temps avec elle; il n'y fait pas toujours bon : elle est inégale, elle se fâche aisément, elle est difficultueuse, elle exige de grands égards.

PLACIDE.

N'est-il pas juste d'en avoir pour ses amies?

VICTOIRE.

Il en faut même avoir pour tout le monde; mais il n'en faut point exiger; il faut bien juger de l'intention des autres, ne point croire qu'ils veulent nous fâcher, aller au-devant de ce qu'ils veulent, les mettre dans une entière liberté avec nous; et pour moi, j'avoue que rien ne m'offenserait tant que des ménagements, parce qu'ils me feraient voir qu'on me croit bizarre.

PLACIDE.

S'ils offensent, il n'en faut donc pas avoir.

VICTOIRE.

Il faut qu'ils soient imperceptibles, et ne les jamais donner comme ménagements.

PLACIDE.

Une bonne humeur est donc, selon vous, le mérite tout entier.

VICTOIRE.

C'est une grande avance pour plaire dans le commerce, mais il y a d'autres qualités qui y sont nécessaires, comme le secret et la discrétion.

PLACIDE.

Qu'est-ce donc que cette bonne humeur?

VICTOIRE.

C'est être comme mademoiselle Hortense, ne se pas fâcher aisément, avoir beaucoup d'égards, en demander peu, être toujours égale, ne se plaindre de rien.

PLACIDE.

Quoi! ne pas répondre quand on vous dit quelque chose de désobligeant?

VICTOIRE.

C'est souvent notre humeur qui nous le fait croire tel; il faut passer par-dessus bien des choses, ne pas toujours répondre, et ne pas croire qu'on veuille vous offenser.

PLACIDE.

Il y a longtemps que vous m'avez persuadée, mais j'étais ravie de vous entendre parler sur les avantages de la bonne humeur.

SUR LA SOCIÉTÉ.

—

VICTOIRE.

Une personne parlant d'une autre disait qu'elle était sociable; je n'entends pas bien ce que ce mot signifie.

ALEXANDRINE.

J'aimerais mieux dire propre à la société, et c'est une grande louange.

HENRIETTE.

Expliquez-nous cette louange, je vous prie.

ALEXANDRINE.

Une personne aimable dans la société est une personne qui en fait souvent le plaisir et qui ne la trouble jamais.

VICTOIRE.

J'ai besoin d'être instruite en détail. Qu'est-ce qui rend aimable dans la société, et comment est-ce qu'on la trouble?

FAUSTINE.

Je crois que ce qui rend aimable et qui fait le plaisir dans la société, c'est d'avoir de l'esprit.

ALEXANDRINE.

Il faut plus que de l'esprit; on pourrait en avoir, et n'être pas propre aux relations sociales.

VICTOIRE.

Comment l'entendez-vous? peut-on plaire sans esprit?

ALEXANDRINE.

Oui, on pourrait être commode, et si on ne faisait pas le plaisir de la compagnie, au moins n'en ferait-on jamais la peine.

FAUSTINE.

Pour peindre une personne propre à la société, nous dirions bien des choses qui conviennent à une bonne humeur.

VICTOIRE.

Il n'importe, pourvu que nous nous instruisions.

ALEXANDRINE.

Pour être propre à la société, il faut de la complaisance, de la douceur, de la politesse.

HENRIETTE.

Quoi! nous jeter dans des compliments continuels!

ÉMILIE.

Vous croyez que la politesse consiste en compliments!

VICTOIRE.

Je l'ai toujours cru.

ALEXANDRINE.

Non, Mademoiselle, la grande politesse est de ménager en tout et partout les gens avec qui nous vivons.

HENRIETTE.

Comment?

ALEXANDRINE.

En ne les blessant jamais et entrant dans tout ce qu'ils veulent, et en ne contrariant ni ce qu'on dit ni ce qu'on fait.

HENRIETTE.

Quoi! je ne dirais pas mon sentiment, et je me rendrais toujours à celui des autres!

FAUSTINE.

On peut disputer pour animer la conversation, mais il ne faut pas l'aigrir.

VICTOIRE.

Si les autres l'aigrissent, est-ce ma faute?

ALEXANDRINE.

Oui, si vous avez dit quelque chose d'aigre, ou de rude, ou de grossier.

HENRIETTE.

Je commence à comprendre la louange d'être sociable, car il faut presque toutes sortes de bonnes qualités.

FAUSTINE.

Il est vrai; et quand vous voyez une personne désirée partout et dont on s'accommode longtemps, vous pouvez conclure qu'elle n'est pas sans mérite.

VICTOIRE.

Je vous demande le portrait d'une personne propre à la société.

ALEXANDRINE.

Elle a de l'esprit jusqu'à un certain point; elle est douce et complaisante; elle veut tout ce qu'on veut, jouer au jeu que les autres proposent quand il ne serait pas de son goût, se promener, demeurer dans la chambre, parler, se taire, travailler; elle écoute avec attention ce qu'on lui dit; elle n'abuse point de l'attention des autres en se faisant écouter trop longtemps; elle n'est point curieuse, elle ne veut savoir que ce qu'on veut lui dire, elle ne pénètre point dans les choses dont elle n'est point chargée; elle ne se fâche jamais; elle laisse tomber tout ce qui pourrait fâcher une autre; elle loue ce qui est bon; elle se tait sur ce qui est blâmable dans les personnes; elle entend dire ce qu'elle savait sans montrer qu'elle le sait, aimant mieux ce petit ennui que d'ôter le plaisir de celle qui veut apprendre une nouvelle. Je n'en finirais point si je parcourais tout ce qui fait une personne propre à la société.

HENRIETTE.

Je voudrais bien le portrait de la grossière.

ALEXANDRINE.

Je suis honteuse de tant parler, et je prie mademoiselle Faustine de le faire.

FAUSTINE.

Il est facile, car c'est le contraire de ce que vous venez de dire : elle est occupée d'elle et oublie les autres; elle prend la bonne place; elle se jette à table sur ce qui est le meilleur; elle parle d'elle; elle se fâche aisément; elle épie ce qu'on fait, elle en juge, elle est attachée à son opinion; elle veut dominer, elle se vante; elle ne peut souffrir la moindre opposition, elle voudrait que sa volonté fût toujours suivie.

HENRIETTE.

En voilà assez pour comprendre que cette personne-là ne peut être désirée : elle me fait peur.

VICTOIRE.

Nous sommes bien obligées à ces demoiselles de nous avoir développé des choses qui nous peuvent être utiles.

ALEXANDRINE.

C'est que vous n'y avez pas encore fait réflexion, car vous avez déjà assez d'expérience pour voir que les personnes que vous désirez ou que vous craignez ont quelque chose des portraits que nous venons de faire.

SUR LES VERTUS CARDINALES.

VICTOIRE.

Pour entrer dans le dessein que l'on a de nous rendre capables de conversations raisonnables, j'ai pensé que nous devions prendre aujourd'hui les vertus cardinales pour sujet de la nôtre, et dire sur chacune ce qui nous viendra dans l'esprit.

PAULINE.

Voilà qui est fait, je prends la Justice.

VICTOIRE.

Et moi la Force.

EUPHRASIE.

Et moi la Prudence.

AUGUSTINE.

Vous ne me laissez pas à choisir; mais je suis contente de mon partage, et ravie d'être la Tempérance.

LA JUSTICE.

Je ne crois pas qu'aucune de vous prétende s'égaler à moi. Rien n'est si beau que la Justice : elle a toujours la Vérité auprès d'elle; elle juge sans prévention; elle met tout dans son rang; elle sait condamner son ami, et donnerait le droit à son ennemi; elle se condamne elle-même; elle n'estime que ce qui est estimable.

LA FORCE.

Tout cela est vrai; mais vous avez besoin de moi, et vous vous lasseriez si je ne vous soutenais.

LA JUSTICE.

Pourquoi me lasserais-je?

LA FORCE.

Parce que votre personnage est triste, que vous déplaisez souvent, et qu'on ne vous aime guère, qu'on vous craint, et qu'il faut un grand mérite pour s'accommoder de vous.

LA PRUDENCE.

C'est à moi à régler ses démarches, à l'empêcher de se précipiter, à lui faire prendre son temps, et vous gâteriez tout l'une et l'autre sans moi.

LA JUSTICE.

Est-ce qu'il ne faut pas être toujours juste?

LA PRUDENCE.

Oui, mais il ne faut pas toujours être sur son tribunal à rendre justice; il faut mettre tout à sa place.

LA FORCE.

Vous pouvez en effet rendre quelques services à la Justice, mais les miens vous sont nécessaires; vous êtes plus propre à la retenir qu'à la faire agir, si je ne vous donne à toutes deux mon secours.

LA JUSTICE.

Je ne vous comprends point : quoi! j'ai besoin de votre secours pour voir que mon ami a tort et mon ennemi raison!

LA FORCE.

Non, vous le voyez par vous-même; mais vous avez besoin de moi pour oser le dire, car votre amitié vous fait trouver de la peine à fâcher votre ami.

LA JUSTICE.

Il me suffit qu'une chose soit juste pour la soutenir.

LA FORCE.

Oui, si je suis avec vous; mais c'est que vous ne me voulez pas voir, vous donnez à la Justice ce qui est à la Force, et vous voilà injuste.

LA TEMPÉRANCE.

Je vous admire, mesdemoiselles, de croire que vous pouvez vous passer de moi, et que je vous suis nuisible parce que je ne m'empresse pas de parler.

LA PRUDENCE.

Voudriez-vous aussi faire la nécessaire?

LA TEMPÉRANCE.

Je le suis si fort, que je vous défie toutes trois de vous passer de moi.

LA FORCE.

Et que ferez-vous avec votre froideur?

LA TEMPÉRANCE.

Je vous empêcherai de pousser tout le monde à bout.

LA JUSTICE.

Quel service me rendrez-vous?

LA TEMPÉRANCE.

Je modérerai votre justice, souvent amère et désagréable.

LA PRUDENCE.

Je ne pense pas que vous prétendiez rien sur moi.

LA TEMPÉRANCE.

Je m'opposerai à vos incertitudes, à votre timidité, qui va souvent trop loin.

LA FORCE.

A vous entendre, vous l'emporteriez donc sur nous toutes?

LA TEMPÉRANCE.

Sans doute, vous penchez toutes aux extrémités si je ne vous modère; c'est moi qui mets des bornes à tout, qui prends ce milieu si nécessaire et si difficile à trouver, et qui m'oppose à tous les excès.

LA PRUDENCE.

Je vous avais toujours regardée comme opposée à la gourmandise, et rien de plus.

LA TEMPÉRANCE.

C'est que vous ne me connaissez pas; je détruis en effet la gourmandise et le luxe, je ne souffre aucun emportement; non-seulement je m'oppose à tout mal, mais il faut que je règle le bien; sans moi la Justice serait insupportable à la faiblesse des hommes, la Force les mettrait au désespoir, la Prudence empêcherait souvent de prendre des partis qu'il faut prendre, et perdrait son temps à tout peser. Mais avec moi la Justice devient capable de ménagement, la Force s'adoucit, la Prudence donne des conseils, sans trop affaiblir, elle ne va ni trop vite ni trop lentement, et en un mot je suis le remède à toutes les extrémités.

LA JUSTICE.

Je suis surprise de ce que j'entends; ne conviendrez-vous point que la sagesse se peut passer de vous?

LA TEMPÉRANCE.

Vous répondriez vous-même à cette question, car vous n'ignorez pas qu'il faut être sobre dans la sagesse. Ne cherchez pas davantage, mademoiselle, on ne peut rien faire de bon sans moi.

LA PRUDENCE.

Au moins ferons-nous notre salut sans vous?

LA TEMPÉRANCE.

Difficilement; j'ai à tempérer le zèle trop actif, amer et indiscret; il faut que je fasse prendre une conduite qui évite les extrémités, que je modère l'inclination à donner, et l'inclination à garder; que je règle le temps de la prière, les austérités, le recueillement, le silence, les bonnes œuvres, que j'abrége une exhortation, que je raccourcisse une consultation, un examen ; enfin j'ai à modérer jusqu'aux désirs de la ferveur.

LA JUSTICE.

Vous avez bien des affaires.

LA TEMPÉRANCE.

Mon caractère ne me permet pas d'en être fatiguée, j'agis doucement et paisiblement.

LA FORCE.

Tout cela conclut que nous avons besoin de vous ; et n'avez-vous besoin de personne ?

LA TEMPÉRANCE.

Non, je me suffis à moi-même.

LA FORCE.

Ne peut-on pas être trop modéré ?

LA TEMPÉRANCE.

Ce ne serait plus modération, car elle ne souffre ni le trop ni le trop peu.

LA PRUDENCE.

Vous me dégoûtez de mon état, et j'envie le vôtre.

LA TEMPÉRANCE.

C'est que vous aviez trop bonne opinion de vous ; cependant vous êtes toutes très estimables ; y a-t-il rien de plus beau que la Justice ? toujours fondée sur la vérité, incapable de prévention, incorruptible, désintéressée, se jugeant elle-même malgré son amour-propre.

LA JUSTICE.

Avec tout cela vous dites que je suis haïe.

LA TEMPÉRANCE.

C'est que vous ne flattez pas, et on veut être flatté.

LA FORCE.

Et pour moi je gâterais tout sans vous.

LA TEMPÉRANCE.

Oui, mais vous faites merveille avec moi, vous animez toutes les vertus, vous poursuivez vos entreprises jusqu'à la fin, et vous ne vous lassez jamais.

LA PRUDENCE.

Et je ne fais qu'hésiter.

LA TEMPÉRANCE.

Vous savez choisir les temps, vous êtes accommodante, vous prévoyez les inconvénients, vous prenez des mesures, et vous êtes absolument nécessaire, pourvu que je vous garantisse de l'extrémité.

LA FORCE.

Vous voulez nous consoler, mais enfin notre personnage est inférieur au vôtre.

LA TEMPÉRANCE.

Que serais-je sans vous? employée seulement et souvent inutilement à m'opposer aux excès et aux passions des hommes; mon bel endroit est d'être nécessaire pour modérer les vertus.

LA FORCE.

Sommes-nous des vertus, si nous avons besoin de vous pour éviter quelque extrémité? la vertu tient le milieu.

LA TEMPÉRANCE.

C'est moi qui fais connaître ce milieu; je ne dis pas que vous fissiez de grands maux, mais vous pourriez aller trop loin.

LA JUSTICE.

Je pourrais être trop juste.

LA TEMPÉRANCE.

Non, mais juger trop souvent, être par là à la charge de tout le monde; la Force, jointe à la sécheresse de la Justice, la rendrait encore plus fâcheuse.

LA PRUDENCE.

Je pourrais y remédier.

LA TEMPÉRANCE.

Vous les embarrasseriez souvent. Nous avons besoin les unes des autres, vivons bien ensemble et sans jalousie, unissons-nous contre la corruption du monde, plus forte que toutes les vertus, si la grâce ne venait à leur secours.

SUR LE MENSONGE.

—

CORNÉLIE.

Je suis ravie de vous trouver, Mesdemoiselles, pour vous faire mes plaintes de ce que madame de Filancourt s'accommode du commerce d'une personne qui ne saurait s'empêcher de mentir.

FAUSTINE.

Vous voulez parler de madame de Ferlemont; il est vrai qu'elle s'en est fait une habitude.

CORNÉLIE.

Mais, Mademoiselle, je me consolerais sur ce qui la regarde, pourvu que mes amies la chassassent de leur société, comme il a fallu qu'elle quittât elle-même son pays, parce qu'on ne l'écoutait plus.

ALEXANDRINE.

J'aimerais assez à m'en divertir pour une heure.

FAUSTINE.

Je ne pourrais jamais me divertir d'une personne que je ne pourrais croire.

ALEXANDRINE.

La conversation ne doit pas toujours rouler sur des choses assez sérieuses, pour qu'il y faille apporter tant de foi?

HENRIETTE.

Il est vrai que je crois qu'il y a bien des sortes de menteries innocentes.

CORNÉLIE.

Et moi, je n'en crois guère, et il est si dangereux de s'y accoutumer, et de ne s'en pas tenir aux innocentes (supposé qu'il y en ait), que je crois plus chrétien et plus honnête de ne mentir jamais.

MÉLANIE.

Pour moi, qui aime la vérité, et qui me sens une grande opposition au mensonge, je voudrais qu'il fût décidé qu'il ne faut jamais mentir.

EUPHROSINE.

Mais quand on l'aurait décidé, comment voulez-vous vivre dans le monde sans faire quelques mensonges, puisqu'il y en a mille qui sont autorisés par l'usage?

CORNÉLIE.

Les honnêtes gens devraient changer l'usage, et se rendre les plus forts, en ne se servant jamais du moindre déguisement.

CLOTILDE.

Et que deviendraient les compliments? Il y a mille petits mensonges de civilité, et la bienséance ne veut pas même qu'on les empêche.

HENRIETTE.

Il y en a d'officieux, et qui peuvent empêcher de grands malheurs.

ALEXANDRINE.

Je demande grâce pour ceux qui sont plaisants.

MÉLANIE.

Je n'en permettrais aucun.

EUPHROSINE.

Quoi! vous ne mentiriez pas pour sauver la vie à une de vos amies?

MÉLANIE.

Je regarderais au moins comme un malheur de me servir de ce remède.

ALEXANDRINE.

Je veux mentir pour m'excuser.

CORNELIE.

Si j'étais tentée de mentir, ce ne serait jamais pour mon intérêt; et je me ferais un double plaisir de dire une vérité qui serait contre moi.

EUPHROSINE.

Cela est admirable ; mais j'avoue que j'aurais de la peine à le faire.

FAUSTINE.

Tout ce que nous disons fait voir qu'il y a plus de menteurs qu'on ne pense.

MÉLANIE.

On se laisse là-dessus entraîner au mauvais exemple ; on commence par un petit conte faux, et puis on fait un mensonge plus considérable.

EUPHROSINE.

Quoi ! Mademoiselle, vous ne permettez pas qu'on dise une fausseté quand elle orne une histoire !

MÉLANIE.

Pour une fausseté entière, je n'y consentirais jamais; et le plus que je pourrais faire, ce serait de permettre quelque exagération.

HENRIETTE.

Ah ! pour des exagérations, je vous défie de les empêcher, ou il faut changer toutes nos coutumes; au lieu de dire : il y a longtemps que je ne vous ai vue, il faudrait dire : il y a un jour et demi que je ne vous ai vue; au lieu de dire : je suis ravie de vous voir, il faudrait dire : je suis médiocrement aise de vous voir; au lieu de dire : je suis sensible à vos malheurs, on pourrait quelquefois dire : je me sens assez indifférente à vos malheurs ; ainsi de presque tous les discours du monde.

FAUSTINE.

Vous voulez railler, Mademoiselle ; mais ne croyez-vous pas que si on ne peut pas ôter tout-à-fait ces exagérations, que l'on ferait mieux d'approcher toujours le plus près que l'on peut de la vérité ?

HENRIETTE.

J'y consens, pourvu que cela ne mette pas une contrainte et une fadeur dans la conversation, qui en ôterait un grand agrément.

ALEXANDRINE.

Encore faut-il que je m'instruise une fois pour toutes sur cet article, et que je fasse quelques questions. N'est-il pas permis, Mademoiselle, d'user de ces mensonges officieux qui vont à louer nos amis, ou à cacher leurs défauts ?

MÉLANIE.

Je crois qu'il faut louer nos amis, et même ceux qui ne le sont pas, de tout ce qu'ils ont de bon, et se taire sur ce qu'ils ont de mauvais.

CLOTILDE.

Si on les accuse, ne les défendrez-vous pas ?

MÉLANIE.

Je les excuserais le plus que je pourrais ; et comme la charité m'oblige à bien juger de leurs actions ou de leurs motifs, je les excuserais sans que ce soit un mensonge.

CLOTILDE.

Mais s'il s'agissait d'une faute visible qui ne peut s'excuser ?

MÉLANIE.

J'éviterais d'en parler.

ALEXANDRINE.

Il ne faut pas attendre un grand secours de Mademoiselle, et il ne faut pas que ses amies fassent de grandes fautes.

FAUSTINE.

Il est vrai que si on la croit, elle nous jettera dans un grand silence.

HENRIETTE.

Je ne sais même si elle ne nous accuserait pas de mentir en ne disant rien.

MÉLANIE.

Vous êtes trop bien instruite, Mademoiselle, pour ignorer que j'eusse raison de vous accuser, et que c'est un mensonge, et même criminel, de taire une vérité quand il est à propos de la dire.

ALEXANDRINE.

Vous me désespérez, Mademoiselle, et je ne parviendrai jamais à ne pas mentir.

CLOTHILDE.

Il faut pourtant y parvenir, et il n'y a point de peines qu'il ne faille prendre pour ne pas faire un mal quand nous le connaissons.

ALEXANDRINE.

Il ne faut donc plus faire de compliments, car ce serait autant de mensonges.

MÉLANIE.

Ils sont tellement connus pour tels et en si grand usage dans le monde, qu'ils ne trompent personne ; ainsi je n'en fais pas grand scrupule.

HENRIETTE.

Puisque vous nous permettez ceux-là, vous m'accorderez bien encore d'ajouter quelques choses à un conte agréable.

MÉLANIE.

Comme on ne croit pas plus les contes que les compliments, je laisse là-dessus une entière liberté à votre imagination.

CLOTILDE.

La conclusion de tout ce que nous avons dit est, à ce que je vois, qu'il ne faut jamais déguiser la vérité, qu'il la faut chercher en tout point; qu'il faut s'y attacher avec plaisir jusque dans les choses les plus innocentes, qu'il ne faut jamais abuser de la crédulité de personne, et qu'il ne faut faire de mensonges que lorsque tout le monde les reconnait pour tels et que nous nous divertissons seulement par un effet de notre imagination.

MÉLANIE.

Rien n'est si beau que la vérité; c'est ce qui fera notre bonheur dans le ciel, et ce qui fait la sûreté de la société sur la terre.

SUR L'AJUSTEMENT.

—

LUCILE.

On veut nous faire haïr ou du moins mépriser les ajustements; y a-t-il rien de si naturel que de les aimer?

VALÉRIE.

Et après tout rien de plus innocent.

ANASTHASIE.

On veut vous donner les sentiments des vieilles, étant dans notre première jeunesse.

CONSTANCE.

C'est qu'on connait les conséquences de ces inclinations.

VALÉRIE.

Ces inclinations, Mademoiselle, passeront avec l'âge

CONSTANCE.

Qui vous l'a dit?

ANASTASIE.

Nous le voyons tous les jours; les personnes qui ont dépassé la grande jeunesse ne s'ajustent plus.

CONSTANCE.

C'est que vous n'en voyez guère que de raisonnables; mais vous vous trompez si vous croyez que ce goût de l'ajustement n'est que l'effet de la jeunesse; il tient plus au cœur que vous ne pensez, il dure longtemps, et c'est la faiblesse la plus générale à notre sexe.

PLACIDE.

Et la plus excusable.

BLANDINE.

Mais que veut-on de nous? faut-il nous mettre un sac? et pourquoi ne nous mettrions-nous pas selon notre âge et notre condition?

ROSALIE.

C'est le plus grand plaisir que je me propose en sortant d'ici.

ANASTASIE.

J'avoue que je ne comprends pas les conséquences du goût de l'ajustement.

CONSTANCE.

Elles sont infinies, elles peuvent nous coûter notre réputation et notre fortune.

ANASTASIE.

Vous serez bien éloquente, si vous me prouvez qu'une si petite chose puisse avoir de si grandes suites.

CONSTANCE.

Je ne vous persuaderai point par une éloquence dont je ne suis pas capable, mais par de bonnes raisons.

VALERIE.

C'est une bagatelle qui ne mérite pas qu'on en raisonne ; on est jeune, on s'aime, on veut être bien; on voit les autres parées, on fait de même; où est le moindre mal à tout cela?

PLACIDE.

Est-ce un crime d'aimer mieux un ruban incarnat qu'un noir?

ROSALIE.

Mademoiselle Constance veut-elle que nous gardions toujours l'habit de Saint-Cyr?

LUCILE.

Et qu'on nous montre au doigt partout par la singularité de cet habillement?

CONSTANCE.

L'habit de Saint-Cyr nous fera honneur partout; il prouve d'abord notre noblesse, et il n'y a personne qui ne le considère.

ANASTASIE.

Mais dites-nous donc les terribles malheurs qui doivent suivre le goût de l'ajustement?

CONSTANCE.

Pourquoi vous parez-vous, et à qui avez-vous envie de plaire?

PLACIDE.

A moi-même.

CONSTANCE.

C'est le motif le plus innocent, il n'y a que de l'amour-propre; mais on ne s'en tient pas là. Si vous n'aimiez les ajustements qu'à Saint-Cyr, j'y consentirais; mais vous porterez ce goût partout, on croira que vous voulez plaire à quelqu'un, et cela pourra être vrai, et voilà votre réputation entamée.

ANASTASIE.

Il faut donc être malpropre pour être estimée?

CONSTANCE.

Il ne faut jamais être malpropre; mais une fille qui se contente d'être propre et qui ne s'ajuste point, fait sans rien dire une déclaration qu'elle ne songe à plaire à personne, et qu'elle veut être sage.

VALÉRIE.

Et par conséquent en me parant je déclare que je veux me perdre?

CONSTANCE.

C'en est le chemin

ANASTASIE.

Mais à votre compte toutes les femmes se perdent, car il n'y en a point qui n'ait le goût de l'ajustement

CONSTANCE.

Ce n'est pas notre goût qui nous perd, c'est de nous y abandonner.

PLACIDE.

Il faut donc se contraindre là-dessus.

VALÉRIE.

Je ne vois pas un seul endroit où l'on voulût que nous suivissions notre volonté

ANASTASIE.

J'ai pourtant bien envie de suivre la mienne.

BLANDINE.

J'étouffe de tout ce qu'on nous dit tous les jours là-dessus.

CONSTANCE.

Ce goût que vous avez pour l'ajustement n'est rien présentement; c'est un effet de la vanité avec laquelle nous naissons; vous n'y entendez pas de finesse, vous n'avez aucun mauvais dessein, mais si vous ne le surmontez, si vous n'y renoncez, si vous n'en croyez l'expérience des autres, comptez, Mesdemoiselles, qu'il peut vous faire perdre votre réputation, vos biens et votre âme.

VALÉRIE.

Est-il possible qu'une inclination naturelle, que vous venez vous-même d'excuser, que vous croyez présentement innocente, puisse causer tant de maux? Et n'y a-t-il pas un peu d'exagération à ce que vous venez de dire?

PLACIDE.

Mademoiselle veut nous faire peur.

ROSALIE.

Je ne croirai jamais que l'envie d'avoir du ruban puisse me damner.

CONSTANCE.

Ce sont nos inclinations qui nous perdent quand nous ne nous y opposons pas; elles nous font faire un chemin dont nous ne nous serions jamais doutées. On se pare d'abord sans dessein que de se satisfaire soi-même; on trouve quelqu'un qui vous loue; on y prend plaisir, on s'ajuste pour plaire à celui qui nous a le plus loué; il le voit et reconnaît notre faiblesse, il en abuse; on engage son cœur et on se perd de réputation.

VALÉRIE.

Cette peinture est affreuse; nous feriez-vous comprendre aussi clairement qu'on se ruine?

CONSTANCE.

On commence par un ruban qui nous satisfait d'abord, de là on en veut souvent; il faut un habit, et plusieurs habits; ils nous charment dès qu'ils sont nouveaux; ils nous dégoûtent quand on en voit de plus beaux, il faut en avoir; on n'a pas de quoi les payer, on emprunte, on accumule dette sur dette, on ne peut plus les payer; ce qui a commencé par un ruban a fait souvent décréter la terre, on se trouve ruinée.

ANASTASIE.

Vous parviendrez à nous faire craindre les ajustements.

BLANDINE.

Achevez, Mademoiselle, et faites-nous encore voir la perte de notre âme.

CONSTANCE.

Vous la voyez vous-même. Par votre injustice, vous empruntez ce que vous ne pouvez payer, vous ruinez des familles ; j'en ai vu un grand nombre à l'aumône, connaissant fort bien qui les y avait réduites ; tout ce que je vous dis n'est que trop commun.

VALÉRIE.

Mais on n'aime l'ajustement que dans sa jeunesse, et elle ne dure pas assez pour donner le temps de faire tant de désordres.

CONSTANCE.

Cette inclination ne passe point avec l'âge, quand la raison ne la détruit pas.

PLACIDE.

Une vieille ajustée serait bien ridicule.

CONSTANCE.

C'est encore un des inconvénients de l'ajustement ; mais j'ai voulu vous parler des plus importants.

ROSALIE.

Je trouve très important qu'on ne se moque point de moi.

CONSTANCE.

Ne vous ajustez donc pas trop, car on ne sait point arrêter ce goût-là, et il nous attire bien des railleries.

ANASTASIE.

Vous nous réduirez au sac et à la cendre.

CONSTANCE.

Plût à Dieu vous réduire à la propreté, à la simplicité, à la modestie, et qu'on vît que vous pourriez vous ajuster davantage si vous le vouliez !

BLANDINE.

Y a-t-il autant de louanges pour les filles qui ne se parent point que de blâme pour celles qui s'ajustent trop?

CONSTANCE.

Comme il n'y a rien de plus ordinaire que ce goût-là, il n'y a rien qu'on estime davantage dans notre sexe que d'être capable de se mettre au-dessus de cette faiblesse; cette conduite marque en même temps que nous ne songeons à plaire à personne, que nous avons du courage, que nous aimons notre réputation et que nous avons une véritable élévation.

PLACIDE.

Vous nous avez bien conduites, Mademoiselle, et j'avoue que je ne croyais pas que vous prouveriez si bien ce que vous avanciez.

VALÉRIE.

Que nous sommes heureuses qu'on nous prévienne ainsi !

LUCILE.

Et que je me sais bon gré d'avoir entamé cette conversation !

SUR L'AMOUR-PROPRE.

ROSALIE.

Ne troublons-nous point, Mademoiselle, le plaisir que vous prenez à lire!

ALPHONSINE.

Nullement, Mademoiselle; soyez persuadée, je vous supplie, que j'en aurais un beaucoup plus grand d'être avec vous.

IRÈNE.

Oserait-on vous demander, Mademoiselle, quel livre vous lisez ?

ALPHONSINE.

Un traité où tout le monde a intérêt, car c'est sur l'amour-propre.

ROSALIE.

Je crois, en effet, qu'il y a peu de personnes qui n'en aient, du plus au moins.

ALPHONSINE.

C'est un grand malheur, Mademoiselle ; car on en est plus désagréable à Dieu et plus désagréable aux hommes.

IRÈNE.

Je comprends bien que cet attachement à nous-même déplaît à Dieu, qui veut que nous n'en ayons que pour lui ; mais pourquoi déplaît-il aux autres qui ont le même défaut ?

ALPHONSINE.

C'en est justement la raison, car l'attachement que nous avons pour nous fait que nous aimons à en parler et que nous ennuyons les autres ; l'attachement que nous avons à nous-mêmes fait que nos opinions nous paraissent bonnes, et que nous les soutenons avec opiniâtreté, ce qui déplaît aux autres.

ÉLÉONORE.

Il est vrai, et ce même amour de nous-même fait que nous voulons toutes sortes de préférence sur les autres.

DOROTHÉE.

Oui, il nous fait paraître ce qui nous touche fort important.

IRÈNE.

Mais, Mademoiselle, faut-il s'oublier soi-même ? cela n'est

ni naturel ni raisonnable, et jamais on ne pourrait y parvenir.

ALPHONSINE.

Non, assurément, nous ne serons jamais dans ce détachement entier, mais il faut y travailler et être le moins occupé de soi que l'on peut.

IRÈNE.

Si je n'étais occupée de moi, je ferais des sottises depuis le matin jusqu'au soir, et je ne sais, Mademoiselle, comment vous accommodez l'oubli que vous voulez que l'on ait de soi-même avec l'attention que nous devons avoir à veiller sur nous.

ALPHONSINE.

Rien n'est plus aisé à accommoder; car une des principales raisons de veiller sur nous est pour éviter ce que nous fait faire l'amour de nous-même.

IRÈNE.

Mais c'est cet amour de moi-même qui me fait aimer les louanges, et si j'étais dans ce détachement que vous voulez me persuader, je ne me contraindrais pas tant pour me perfectionner.

ÉLÉONORE.

Quoi! vous ne voulez être parfaite que pour être louée?

IRÈNE.

Eh! pourquoi donc, Mademoiselle, et d'où vient que je m'opposerais à toutes mes inclinations, si ce n'était pour acquérir l'estime des honnêtes gens?

DOROTHÉE.

Je ne sais s'il ne serait pas bien dangereux d'inspirer à de jeunes personnes le mépris des louanges.

ROSALIE.

C'est ce qui s'appelle émulation, et qui ne se trouve que dans les cœurs élevés.

ÉLÉONORE.

Mais ne comptez-vous pour rien d'aimer la vertu pour la vertu et le plaisir de bien faire ?

DOROTHÉE.

Ce sentiment est bien épuré, et je doute que des jeunes gens en soient capables.

IRÈNE.

Je crois que la plupart des grandes choses se sont faites pour s'attirer des louanges, et que ce désir-là fait les héros.

ALPHONSINE.

Toute votre vertu n'est donc que pour vous, et si on ne vous voyait pas, vous feriez tout le mal qui se présenterait ?

IRÈNE.

Je ne ferais pas de grands maux, car je ne suis pas méchante, mais je ne me contraindrais point.

ÉLÉONORE.

Quoi ! vous seriez colère, paresseuse, inégale, opiniâtre, indiscrète, insupportable ?

IRÈNE.

Oui, Mademoiselle, s'il ne me revenait aucune louange de n'être rien de tout ce que vous venez de dire.

ÉLÉONORE.

Je ne comprends pas cela.

DOROTHÉE.

Et moi, je comprends fort bien ce que dit Mademoiselle, et je ne crois pas que les héros eussent passé leur jeunesse dans les fatigues de la guerre, en hasardant leur vie, s'ils n'eussent eu en vue d'être admirés.

ALPHONSINE.

Que leur en reste-t-il, Mademoiselle ?

IRÈNE.

D'être loués à tout jamais, d'être cités en toutes occasions.

ALPHONSINE.

Goûtent-ils ce plaisir? en sont-ils plus heureux présentement?

IRÈNE.

Non, Mademoiselle; mais par quel motif voulez-vous donc qu'on agisse?

ALPHONSINE.

Vous le voyez mieux que moi, Mademoiselle, et vous avez trop bon esprit pour vouloir vous contraindre toute votre vie pour être louée, quand même vous seriez assurée de l'être.

DOROTHÉE.

Quoi! vous désapprouvez qu'on veuille plaire et s'attirer les louanges des personnes de qui on dépend?

ALPHONSINE.

Je ne veux pas empêcher ce que vous dites, mais je voudrais une vue plus solide.

IRÈNE.

Vous voulez nous conduire à n'agir que pour Dieu; je sais que c'est là le plus parfait; mais ce n'est pas de la dévotion dont nous parlons présentement; nous en sommes à la morale.

ALPHONSINE.

Et qu'est-ce que la morale, si elle n'est fondée sur la piété? Vous en revenez toujours à ne penser qu'à l'opinion des hommes, et jamais cela seul ne fera votre bonheur.

IRÈNE.

Je compte pour beaucoup leur estime.

ALPHONSINE.

Je vous le dis encore, Mademoiselle, vous ne l'aurez guère que par une vertu solide.

IRÈNE.

Qu'appelez-vous solide?

ALPHONSINE.

C'est ce qui a une fin éternelle.

DOROTHÉE.

Vous voulez mettre une trop grande perfection dans notre commerce, et nous jeter dans une grande contrainte.

ALPHONSINE.

Je veux vous mettre en liberté, vous rendre satisfaite de tout, contente quand vous serez louée, contente quand vous ne le serez pas, et toujours assurée d'une récompense pour tout ce que vous ferez de bon.

IRÈNE.

Je me rends, Mademoiselle, si vous me convainquez que cet état-là puisse se trouver.

ALPHONSINE.

Il n'y a pour cela qu'à n'agir que pour Dieu, qu'à lui offrir toutes nos contraintes, qu'à nous attacher à lui, et l'avoir pour objet dans toutes nos actions.

IRÈNE.

Vous appelez cela liberté?

ALPHONSINE.

Oui, Mademoiselle, et vous en conviendrez. Si vous voulez en essayer, vous ne serez jamais en peine, comme vous l'êtes, sur l'opinion des hommes. Vous serez sûre d'avoir plu à Dieu quand vous aurez bien fait. Si les hommes sont contents de vous, à la bonne heure, vous en serez bien aise; s'ils ne le sont pas, vous en serez consolée, et vous serez assurée d'avoir des louanges qui dureront toujours; il vous sera même permis de vous aimer par rapport à lui, de vous conserver, de vous réjouir, et vous serez sûre de n'aller jamais trop loin quand vous agirez avec cette dépendance.

IRÈNE.

Vous avez cru ne pouvoir me persuader qu'en m'accordant un peu d'amour pour moi-même; mais, en vérité, Mesdemoiselles, je suis charmée de tout ce que vous venez de dire et je ne veux jamais l'oublier.

SUR LE TRAVAIL.

CORNÉLIE.

Quoi! Mademoiselle, vous travaillez un jour de récréation?

CLÉMENTINE.

Mes maîtresses me l'ont permis.

ODILLE.

Je vous plains fort d'être privée du plaisir de la récréation et de la promenade.

HORTENSE.

Et moi au contraire j'envie la liberté qu'a Mademoiselle de travailler tout le jour.

CORNÉLIE.

Vous jugez des autres par vous-même, Mademoiselle, qui aimez le travail; mais je crois que Mademoiselle aurait été à la récréatioin, si elle avait suivi son inclination.

CLÉMENTINE.

J'aime à la vérité à me divertir, mais je trouve plus de plaisir à travailler qu'à jouer.

ODILLE.

Et quel plaisir peut-on prendre à travailler?

CLÉMENTINE.

Celui de faire quelque chose, de ne point perdre son temps: de m'accoutumer à me passer des divertissements, et de n'avoir rien à me reprocher.

CORNÉLIE.

Il est vrai que m'étant livrée au dessein de faire tout ce

der à mon plaisir, et de m'en donner comme on dit à cœur joie, je trouvai bien à décompter quand il fallut m'accommoder au goût de mes compagnes, qui était fort différent du mien.

ODILLE.

Et moi, je m'attirai là une réprimande de mes maîtresses, qui me causa plus de chagrin que tous nos jeux ne m'avaient fait de plaisir.

CLÉMENTINE.

Et moi, je ne trouvai aucun de ces décomptes dans mon travail.

AURÉLIE.

Mais aussi n'y trouvâtes-vous aucun plaisir?

CLÉMENTINE.

J'eus celui de voir mon ouvrage fort avancé, je surpassai l'attente de mes maîtresses, je m'attirai leurs louanges, et elles me proposèrent pour exemple à mes compagnes; j'acquiers l'habitude de travailler avec adresse et avec diligence, ce qui m'épargnera bien des réprimandes à Saint-Cyr, et qui me sera une grande ressource en quelque lieu que je puisse me trouver.

AURÉLIE.

Voilà bien des avantages qui se trouvent dans l'amour du travail auxquels je n'avais jamais pensé

HORTENSE.

Le goût seul du travail est par lui-même un véritable trésor, il calme les passions, il occupe l'esprit, il bannit l'oisiveté, qui est la mère de tous les vices.

CLÉMENTINE.

Il est vrai que depuis que j'aime l'ouvrage, je n'ai presque plus rien à me reprocher, que mes maîtresses sont très contentes de moi, au lieu qu'auparavant elles me reprenaient presque à toutes les heures du jour.

CAMILLE.

Ajoutez encore, Mademoiselle, à la louange du travail, qu'il fait passer le temps utilement et agréablement, et ne laisse pas le temps de s'ennuyer.

CÉCILE.

Il est surtout nécessaire à notre sexe; et j'ai ouï dire à des personnes d'esprit et d'une piété distinguée qu'il faut nécessairement qu'une fille soit ou laborieuse ou coquette.

AURÉLIE.

Et pourquoi, Mademoiselle?

CÉCILE.

C'est qu'il faut nécessairement avoir quelque goût; on ne peut vivre sans plaisir, et dès qu'on n'en trouve point dans une occupation utile, il est naturel d'en chercher ailleurs, et l'on n'en trouve que de très dangereuses.

HORTENSE.

En effet, que peut faire une personne de notre sexe qui ne peut demeurer chez elle, ni trouver son plaisir dans les devoirs de son ménage? Il ne lui reste plus qu'à le chercher dans le jeu, les compagnies, les spectacles; y a-t-il rien de si dangereux non-seulement pour la piété, mais même pour la réputation?

ODILLE.

Je conviens, Mademoiselle, du danger de ces sortes de plaisirs, et je prétends bien m'adonner au travail, quand je ne serai plus en âge de goûter les jeux innocents des enfants; mais, en attendant, je ne me propose que de me bien divertir, et je laisse les occupations plus sérieuses pour un âge où il me conviendra d'être raisonnable.

HORTENSE.

Eh quoi! Mademoiselle, peut-on être trop raisonnable? et consentiriez-vous qu'on vous traitât en enfant de dix ou douze ans? vous seriez la ménagère chez vous, et l'on vous confierait le soin de vos sœurs.

CAMILLE.

Ajoutez, Mademoiselle, qu'on ne peut commencer trop tôt à prendre de bonnes habitudes, et que nous n'aurons de goût et de facilité au travail qu'autant que nous nous y serons accoutumées dès notre jeunesse.

AURÉLIE.

Comme je pourrai bien au sortir d'ici me trouver dans la nécessité de m'aider de mon travail, je suis bien aise de m'y former de bonne heure.

HORTENSE.

Quand nous ne serions pas pauvres, la seule qualité de chrétiennes doit nous engager au travail.

CAMILLE.

Il est en effet d'obligation à tous les hommes depuis le péché, car remarquez que, quand Adam eut péché, Dieu ne lui donna point pour pénitence de passer sa vie dans le désert, mais il lui dit : Vous gagnerez votre pain à la sueur de votre visage.

CLÉMENTINE.

Cette réflexion me surprend, car je ne croyais pas qu'on dût travailler jusqu'à se fatiguer, mais seulement pour s'occuper, et je ne m'y étais donnée qu'autant que j'y avais trouvé du goût.

ODILLE.

Je faisais encore pire, car je ne prenais de l'ouvrage que par contenance, sans me soucier de l'avancer.

HORTENSE.

Ce que vous avouez, Mademoiselle, est pire encore que de ne pas aimer l'ouvrage; car c'est être de mauvaise foi aux dépens d'une maison, sans lui rendre aucun service.

ODILLE.

J'avoue que le travail des mains me déplaît, et que j'aimerais celui de l'esprit.

CAMILLE.

Celui-là est aussi dangereux pour notre sexe que l'autre lui est avantageux; notre partage est le silence, la modestie et la simplicité.

CÉCILE.

Quand Salomon fait le portrait d'une femme forte, il ne dit pas qu'elle est savante; mais il remarque qu'elle a travaillé avec de la laine et du lin, qu'elle sait manier le fuseau, et qu'elle a fait paraître sa sagesse dans l'ouvrage de ses mains.

ODILLE.

Que j'ai de peine à me contenter de ce partage! toutes mes inclinations portent au goût de l'esprit.

HORTENSE.

Tâchons d'être raisonnables, Mesdemoiselles, et d'une raison toute chrétienne; nous serons heureuses en ce monde ici et en l'autre, et les beaux esprits de notre sexe seront raillés des hommes par leur demi-savoir, et déplairont à Dieu par leur présomption.

SUR LA DOUCEUR.

ROSALIE.

Je sors d'un lieu où l'on a bien disputé, les uns soutenaient que madame de Barcelieu était douce, et les autres soutenaient qu'elle ne l'était pas du tout.

ALEXANDRINE.

Il me semble que c'est une des qualités qui paraissent le plus vite, et qui est la moins douteuse.

ANASTASIE.

Je suis d'un avis bien opposé au vôtre, Mademoiselle, et je ne sache rien où l'on soit si souvent trompé.

AUGUSTINE.

Mais, par exemple, Mademoiselle, doutez-vous que madame de Barcelieu soit douce, et que madame de Montanier soit prompte et rude?

ANASTASIE.

Je mets une grande différence entre la promptitude et la rudesse, et si je ne craignais de vous paraître trop contrariante, je vous dirais que je crois madame de Montanier plus douce que madame de Barcelieu.

ALPHONSINE.

Ah! Mademoiselle, vous n'y pensez pas; il ne faut que les voir pour en juger tout autrement.

HENRIETTE.

Madame de Barcelieu est douce jusque dans les choses extérieures; sa langueur, la douceur de sa voix, ses manières, tout est opposé en elle à la brusquerie.

ANASTASIE.

Voilà en effet sur quoi on juge une personne douce; mais que dit-elle avec ce ton de voix languissant? comment s'en accommode son mari, ses amis, ses domestiques et ses voisins?

AUGUSTINE.

Elle n'est pas trop aimée; je n'en comprends pas la raison

ANASTASIE.

Et cette autre brutale, madame de Montanier?

ALEXANDRINE.

On l'aime sans qu'on sache pourquoi.

ANASTASIE.

Voila déjà un grand préjugé en sa faveur.

AUGUSTINE.

Elle peut être aimée et aimable sans être douce.

ANASTASIE.

Il est vrai qu'on peut avoir mille bonnes qualités qui font aimer sans être douce; mais je crois qu'il est difficile d'être aimée généralement sans avoir de la douceur de quelque espèce.

ROSALIE.

Est-ce qu'il y en a de différentes espèces?

AUGUSTINE.

Je le crois; il y a des personnes moins sensibles, moins vives, et la douceur est presque naturelle à celles-là.

ANASTASIE.

Il y en a dont le premier mouvement est vif, et dont le cœur ne laisse pas d'être doux.

ROSALIE.

Mais enfin, en quoi consiste la véritable douceur?

ANASTASIE.

Je crois que c'est de souffrir sans aigreur et sans colère tout ce qui s'oppose à nous

ALPHONSINE.

Je ne suis donc pas douce, car je me fâche quand on me contrarie.

ALEXANDRINE.

Et moi j'ai un profond mépris pour ceux qui ne sont pas de mon avis, mais jamais je ne m'en fâche.

ANASTASIE.

Appelez-vous cela être douce?

ALEXANDRINE.

C'est toujours l'être plus que mademoiselle Alphonsine, puisqu'elle se fâche quand on la contrarie.

AUGUSTINE.

Et moi je prétends que Mademoiselle est plus douce, et qu'il y a plus d'aigreur au mépris qu'à la contestation.

ANASTASIE.

Vous voyez déjà, Mademoiselle, qu'il y a plus d'une espèce de douceur.

HENRIETTE.

Je voudrais bannir la contestation des conversations.

ANASTASIE.

Elles en seraient moins agréables, Mademoiselle, et ce désir-là n'est pas d'une personne aussi douce que vous le paraissez, car il faut disputer, mais disputer avec douceur.

HENRIETTE.

J'avoue que je ne comprends pas cela.

ANASTASIE.

Et pourquoi ne pouvez-vous comprendre qu'on pense autrement que vous? Ne voulez-vous pas bien être persuadée si vous avez tort, et persuader les autres si vous avez raison?

ALPHONSINE.

J'aurais beau être persuadée de l'opinion des autres, je ne me rendrais jamais, si j'avais tant fait que de disputer.

ANASTASIE.

Voilà justement ce qu'on appelle n'être pas douce, car il faut se rendre à la raison aussitôt qu'on la connaît, et ne jamais disputer de mauvaise foi, du moins dans les choses de conséquence.

HENRIETTE.

J'avoue que j'aurais de la peine à faire ce que vous dites.

ANASTASIE.

Je l'ai vu faire à une personne de beaucoup d'esprit, très prévenue de l'opinion qu'elle soutenait : elle disputait avec une vivacité qui lui était naturelle, avec un peu d'orgueil, et l'on voyait qu'elle était persuadée, qu'elle allait convaincre; cependant elle s'arrêta tout-à-coup à une raison qui la convainquit elle-même, et elle avoua qu'elle avait eu tort.

ALEXANDRINE.

Je trouve quelque lâcheté à cela.

ANASTASIE.

Dieu vous préserve, Mademoiselle, de confondre le courage avec l'opiniâtreté! On fut charmé de ce que je viens de vous dire, et cette personne fut plus admirée par là que par mille bonnes qualités qu'elle a.

AUGUSTINE.

Bien loin qu'il y ait de la lâcheté dans ce procédé, il y a, ce me semble, de la grandeur.

ANASTASIE.

Vous avez raison, Mademoiselle, rien n'est si grand que de se rendre à la raison et à la vérité.

ALPHONSINE.

J'ai toujours ouï dire qu'il y avait du courage à soutenir ce que l'on avait commencé.

ANASTASIE.

Il y a du courage à ne point se rebuter des difficultés, à surmonter tous les obstacles qui se trouvent dans les autres ou dans nous-mêmes, à souffrir toutes les peines qui se rencontrent dans les choses que nous entreprenons, mais il faut qu'elles soient fondées sur la justice et sur la raison.

ROSALIE.

Nous avons oublié la douceur, et il me semble que ce que nous disons n'y a plus de rapport.

ANASTASIE.

Tout y en a, Mademoiselle : il y a une douceur d'humeur qui nous fait tout recevoir sans peine et sans aigreur, et il y en a une de conduite qui nous fait rendre à la raison; il y en a une de cœur qui nous fait aimer la paix avec les personnes avec qui nous vivons, et c'est une des plus nécessaires.

HENRIETTE

Et une des plus rares.

ANASTASIE.

Elle le peut être dans toute son étendue ; mais il y a beaucoup de personnes qui paraissent rudes, et dont le cœur ne l'est pas.

AUGUSTINE.

On juge de la douceur sur les apparences extérieures qui cachent quelquefois beaucoup d'aigreur

ALEXANDRINE.

Quelque opposition qu'on ait à cette vertu par son naturel, ne peut-on pas l'acquérir ?

ANASTASIE.

Toutes les vertus peuvent s'acquérir par le secours de la grâce, et je crois qu'en faisant souvent des actions de douceur, on deviendrait bientôt plus douce que celles qui le sont naturellement.

ROSALIE.

Je crois cette vertu inséparable de l'humilité.

AUGUSTINE.

Il est vrai, et je crois qu'elle l'est aussi de la patience.

ALEXANDRINE.

Voilà une conversation qui nous peut être fort utile.

ANASTASIE.

Oui, si elle nous fait entreprendre la pratique des vertus dont nous venons de parler.

SUR LES RÉPUGNANCES.

—

FÉLICITÉ.

On a raison de me dire que ma folie est de vouloir faire entendre raison à tout le monde, car il y a des esprits qui en sont incapables.

LOUISE.

Qui est-ce, Mademoiselle, qui peut vous dégoûter de cette chère raison que vous prêchez toujours?

FÉLICITÉ.

Je n'en suis point dégoûtée, mais rebutée de parler à des personnes qui ne veulent pas l'entendre.

MATHILDE.

Pourrions-nous savoir qui vous a mis dans l'état où vous êtes?

FÉLICITÉ.

C'est mademoiselle Elise, qui se déchaîne contre mademoiselle Lucie sur un démêlé qu'elle a eu, dans lequel elle a toute la raison de son côté.

AGATHE.

C'est que vous ne savez pas que mademoiselle Elise ne peut souffrir mademoiselle Lucie, ni approuver rien de tout ce qu'elle dit ni de tout ce qu'elle fait.

FÉLICITÉ.

Juge-t-on des choses par rapport aux personnes, et ne faut-il pas voir la vérité où elle est?

MATHILDE.

Nous ne la voyons guère quand elle n'est pas favorable à ceux que nous aimons, et quand une personne nous déplaît, tout nous déplaît en elle.

FÉLICITÉ.

Pouvez-vous approuver ce que vous dites, Mademoiselle ? nos amis ne peuvent-ils avoir tort ? et est-il impossible que nos ennemis aient raison et ne peut-on juger équitablement, indépendamment de ceux qui ont le démêlé ?

LOUISE.

D'où vient cette haine de mademoiselle Elise pour mademoiselle Lucie ?

AGATHE.

Ce n'est point une haine, c'est une répugnance extrême.

EULALIE.

Quoi ! sans aucun sujet ?

AGATHE.

Il n'y en a jamais eu, mais la haine ne va guère plus loin que cette répugnance.

EULALIE.

Il n'y a point d'effort qu'il ne faille se faire pour vaincre un sentiment si injuste et même si cruel. Quoi ! vous prenez une aversion sans savoir pourquoi, sans que cette personne ait rien dit ni rien fait pour vous déplaire ?

MATHILDE.

Son intention n'est pas de me déplaire, mais elle me déplaît dans tout ce qu'elle dit, et tout ce qu'elle fait me choque.

EULALIE.

Cette conduite est bien opposée à la bonté et à la raison, qui doivent nous régler en tout.

LOUISE.

Nous ne pouvons plus juger de rien, nous ne voyons plus les choses comme elles sont, et tout ce que nous disons et pensons est fondé sur l'aveuglement et sur l'injustice.

AGATHE.

Il me paraît très naturel d'avoir de l'inclination pour une

personne et de l'aversion pour l'autre, dès la première fois qu'on les voit.

EULALIE.

On doit combattre l'une et l'autre, puisqu'elles sont sans fondement, et remettre son jugement à la connaissance qu'on aura de ce qu'elles valent.

AGATHE.

Est-il possible que, lorsque vous voyez deux personnes, vous ne penchiez pas à l'une plutôt qu'à l'autre?

EULALIE.

Oui, mais c'est une trop légère impression qui ne règle pas notre conduite, et il arrive souvent que celles qui nous plaisent le moins nous accommodent le mieux.

FÉLICITÉ.

On se fait bien haïr quand on montre ainsi ses répugnances, et si on ne peut les vaincre il faut tâcher de les cacher.

AGATHE.

Il me paraît que plus nous raisonnons et plus nous nous examinons, plus nous nous trouvons de défauts, et que nous ferions mieux d'agir sans tant de réflexions.

EULALIE.

Ce serait le moyen de les garder tous, et de n'en corriger pas un; c'est ce manque d'examen qui fait qu'il est si rare de trouver des personnes que nous puissions aimer longtemps, et que chaque jour nous donne un nouveau dégoût pour elles.

FÉLICITÉ.

Je comprends plus aisément les dégoûts que les répugnances; nous découvrons des défauts sur lesquels nous n'avions pas compté, et nous changeons d'amis; mais pour les répugnances, c'est un pur mouvement que nous suivons, comme ferait une bête, et cette raison qui nous distingue d'elle nous devient donc inutile.

MATHILDE.

Je ne puis soutenir mon sentiment; mais je puis encore moins le vaincre.

LOUISE.

On peut ce qu'on veut bien, et si vous ne vous faites violence là-dessus, vous vous ferez haïr de bien des gens; je pardonnerais plutôt la haine, si j'avais fâché, que cette aversion qu'on ne s'est point attirée.

FÉLICITÉ.

Et qu'on peut prendre pour une personne de mérite; y a-t-il rien de plus propre à nous corriger de cette répugnance que de penser qu'on peut fort bien l'avoir en effet pour cette personne de mérite, et que notre premier mouvement peut nous donner de l'indignation pour quelqu'un que nous trouverons dans la suite digne de notre estime?

LOUISE.

Quand la charité, la bonté et la raison nous conduiront, nous ne tomberons pas dans ces inconvénients.

PROVERBES

LES FEMMES FONT ET DÉFONT LES MAISONS.

PERSONNAGES :

M. DUCHATEAU.	Mme CLAIRFAIT.	
Mme DERMONVILLE.	JUSTINE,	servantes.
Eme DUVERNOIS.	SUZANNE,	

SCÈNE PREMIÈRE.

JUSTINE.

J'ai rencontré ce matin ta sœur au marché, qui m'a dit que tu cherchais condition.

SUZANNE.

Je n'en cherche plus, je suis raccommodée avec ma maîtresse.

JUSTINE.

Je t'aurais offert de venir avec moi, car Madame cherche une fille pour ses enfants.

SUZANNE.

Chez toi ! je n'y voudrais pas demeurer. A vivre comme vous faites, sans voir de monde, sans faire bonne chère, j'aimerais autant être dans un cloître ! On rit chez nous jour et nuit, et nous y dépensons plus en une semaine que vous ne faites chez vous en un an.

JUSTINE.

Tes profits sont-ils grands, et amasses-tu quelque chose?

SUZANNE.

Non, mais je me divertis bien.

JUSTINE.

Il est vrai que nous vivons de ménage; mais cela n'empêche pas que je ne gagne, et nous sommes dans une grande paix.

SUZANNE.

Qu'est-ce à dire paix? j'aime le bruit, le tintamarre, le désordre, le grand monde, le bel air.

JUSTINE.

A la bonne heure; tu es placée selon ton humeur, et moi selon la mienne.

SCÈNE DEUXIÈME.

Mme DERMONVILLE.

Je ne fais que d'apprendre que vous êtes ici, et on dit qu'il y a trois mois.

M. DU CHATEAU.

Il est vrai, Madame, nous y sommes venus pour un procès que j'espère gagner.

Mme DERMONVILLE.

Madame votre femme est à plaindre d'avoir été obligée de sortir de sa province et de faire une dépense qu'elle aura peine à soutenir.

M. DU CHATEAU.

En quelque lieu qu'elle soit, elle ne fait pas grande dépense; elle a tant d'ordre et de prévoyance dans les affaires, que, dès qu'il a fallu partir, elle a trouvé tout ce qui nous était nécessaire.

Mme DERMONVILLE.

Vous n'avez pas emprunté pour venir ici?

M. DU CHATEAU.

Je n'ai pas emprunté un sou depuis que je suis marié.

Mme DERMONVILLE.

Ce que vous dites n'est pas croyable.

M. DU CHATEAU.

Je vous pardonne d'en douter, car moi-même j'ai de la peine à le comprendre; il n'y a pourtant rien de plus vrai.

Mme DERMONVILLE.

J'aurais une grande curiosité de savoir la conduite de madame votre femme, si je pouvais le demander sans indiscrétion.

M. DU CHATEAU.

Je ferai plus, en faveur de notre ancienne connaissance, et je vais vous conter mon histoire. Je voulus épouser mademoiselle de Lincy sur l'air de sagesse que je lui voyais; sa modestie à l'église, la simplicité de son habillement, son silence en compagnie, et une certaine douceur qui se faisait remarquer en tout, me firent croire que je serais heureux avec une personne qui me paraissait au-dessus de la faiblesse des femmes; on m'en voulait dégoûter, sur son peu de bien, mais je passai outre, et il n'y a pas de jour que je n'en remercie Dieu.

Mme DERMONVILLE.

Ce n'est donc pas vous qui l'avez formée à votre mode?

M. DU CHATEAU.

Non, je l'ai trouvée au-dessus de ce que j'aurais pu lui demander. Dès le lendemain de nos noces, je la priai de conduire notre petite maison, et je lui montrai l'état de nos affaires, qui n'étaient pas trop bonnes; elle me demanda si je lui donnais tout pouvoir, et je l'en assurai; elle commença par retrancher la moitié de ce que j'avais réglé pour elle, sans toucher à ce qui était pour moi ; elle s'occupa tout entière de son salut, de son ménage, de ses enfants dès qu'elle en eut, et se défit bientôt par là de la compagnie qui venait chez moi, et qui me faisait de la dépense, me disant que nos vrais amis nous demeureraient et s'accommoderaient de nos manières, et qu'il ne fallait pas se ruiner avec les autres.

Mme DERMONVILLE.

Où avait-elle pris ce fonds de raison et de sagesse.

M. DU CHATEAU.

J'en ai bien profité ; car, sans entrer dans un détail qui vous ennuirait, vous saurez qu'elle a raccommodé nos affaires. Je ne suis point riche, mais je ne crois pas qu'il y ait dans notre province un gentilhomme si à son aise que moi.

Mme DERMONVILLE.

Je vous conjure d'entrer dans le détail ; je suis charmée de ce que vous dites, bien loin de m'ennuyer ; mais souffrez mes questions : ne vous faites-vous pas haïr en vivant si serrés et solitaires?

M. DU CHATEAU.

Nous ne sommes haïs ni l'un ni l'autre, nous recevons nos amis, mais simplement, sans vanité, ne donnant que le nécessaire, de bonne grâce, avec joie, et il me semble qu'on est content de nous.

Mme DERMONVILLE.

En quoi consiste ce ménage et cette épargne?

M. DU CHATEAU.

A ne rien perdre, à se passer de peu, à avoir un petit nombre de valets.

Mme DERMONVILLE.

Comment les affectionner, si on ne fait pas leur fortune?

M. DU CHATEAU.

Ma femme les traite avec douceur, elle leur rend justice, elle leur donne, elle leur apprend à épargner, elle les tient dans leur état et elle est très aimée.

Mme DERMONVILLE.

Vous dites à se passer de peu? mais il faut des meubles, il faut vivre, tout cela va loin.

M. DU CHATEAU.

Quand on se contente du nécessaire, il ne va pas loin; nos meubles sont simples et fort conservés; c'est la vanité qui ruine tout le monde.

Mme DERMONVILLE.

N'est-elle pas honteuse d'être plus mal meublée et plus mal vêtue que ses voisines?

M. DU CHATEAU.

Elle en raille la première, et dit qu'elle met son honneur à ne pas emprunter, à vivre de ce qu'elle a, et à donner le plus qu'elle peut à son mari et à ses enfants.

Mme DERMONVILLE.

Et quand, après tout cela, arrive une grêle, un feu, un accident?

M. DU CHATEAU.

Elle le prévient, et met quelque chose à part pour ces aventures-là.

SCÈNE TROISIÈME.

Mme DUVERNOIS.

Voici une surprenante nouvelle : on dit que M. de Rémont fait une manière de banqueroute.

Mme CLAIRFAIT.

Cela n'est pas possible, il était riche et n'a jamais fait aucune dépense, à quoi se serait-il ruiné?

Mme DUVERNOIS.

On dit que c'est sa femme.

Mme CLAIRFAIT.

Elle ne paraissait pas plus dépenser que lui.

Mme DUVERNOIS.

Pardonnez-moi, elle recevait du monde, tenait table, avait beaucoup de domestiques, et tout paraissait en désordre chez elle.

Mme CLAIRFAIT.

Toutes ces dépenses étaient peu de chose, à proportion des grands biens qu'il y avait dans cette maison.

Mme DUVERNOIS.

Il n'y a point de richesses qui ne finissent quand on vit dans le désordre.

Mme CLAIRFAIT.

A quoi peut aller ce désordre? un peu trop de dépense en habits; en vérité, on en a bien pour une somme médiocre.

Mme DUVERNOIS.

On dépense trop en habits, on joue, on ne paye pas, on achète pour contenter les marchands qui se ruinent aussi par leur avidité, et donnent à crédit; on veut un grand train, les valets mal payés servent mal; les chevaux meurent, il en faut d'autres; les créanciers se lassent d'attendre, on a des procès; comme ils sont mauvais, on les perd, et on est condamné aux dépens; il n'y a point d'argent pour payer; on saisit les terres, on les décrète, et voilà où en est monsieur de Rémont; toutes ses terres sont dans cet état-là. et il aime mieux tout abandonner que de passer sa vie à plaider.

Mme CLAIRFAIT.

S'en prend-il à sa femme?

Mme DUVERNOIS.

Oui, assurément; ils en sont brouillés à se séparer.

Mme CLAIRFAIT.

Et les enfants?

Mme DUVERNOIS.

Ils savent très mauvais gré à leur mère, elle est le mépris de tous ceux qui la connaissent; et ceux qui lui ont aidé à se ruiner ne la regardent pas.

Mme CLAIRFAIT.

Voilà une grande ingratitude.

Mme DUVERNOIS.

C'est un triste personnage d'avoir à s'en plaindre; je m'en vais voir ces malheureux, ils me font pitié.

SCÈNE QUATRIÈME.

SUZANNE.

Où étais-tu cachée, je te cherche depuis ce matin?

JUSTINE.

Que me veux-tu?

SUZANNE.

Aller avec toi si tu pouvais m'y faire entrer.

JUSTINE.

Tu t'ennuierais chez nous, il n'y a ni bruit ni tintamarre.

SUZANNE.

Sais-tu déjà ce qui nous est arrivé?

JUSTINE.

Si je le sais! on en parle tout haut dans les rues, et ta maîtresse est la fable du monde.

SUZANNE.

On a bien raison, je n'ai jamais vu une femme si insensée. Je voudrais qu'elle fût bien loin; voilà mes plus belles années perdues.

JUSTINE.

Ne t'a-t-elle pas payée?

SUZANNE.

Payée! elle n'a pas le sou, la pauvre misérable!

JUSTINE.

Mais tu t'es bien divertie, et tu avais le bel air! Conte-moi, je t'en prie, comment on s'est ruiné en si peu de temps.

SUZANNE.

Ma maîtresse ne pensait jamais à ses affaires; elle donnait à toute dépense, elle ne comptait jamais; elle jouait son argent comptant, et achetait à crédit; elle dormait jusqu'à midi, et veillait toute la nuit. Nous faisions tout ce que nous voulions; chacun tirait de son côté; grande chère et volée par les domestiques.

JUSTINE.

Mais faisait-elle comme cela dès qu'elle fut mariée?

SUZANNE.

On dit que non, que petit à petit elle en est venue là; elle aimait l'ajustement et le plaisir; une femme sans courage qui ne voulait point se donner de la peine!

JUSTINE.

La voilà bien, elle s'en repentira à loisir.

SUZANNE.

Prends pitié de moi, elle deviendra ce qu'elle pourra.

JUSTINE.

Quoi! tu ne l'aimes point?

SUZANNE.

Le moyen d'aimer une folle! je tâchais de m'en divertir, mais dans le fond je ne pouvais la souffrir.

JUSTINE.

Viens voir ma maîtresse pour juger de la différence qu'il y a de femme à femme.

Les femmes font et défont les maisons.

TANT VAUT L'HOMME, TANT VAUT SA TERRE.

PERSONNAGES :

M. DE SAINT-DIDIER, M. DE SOMBREUIL,	gentilshommes.
CONSTANCE, ADÉLAIDE,	demoiselles sans fortune.
LA ROCHE, GERMAIN,	sergents recruteurs.

SCÈNE PREMIÈRE.

M. DE SOMBREUIL.

Soyez le bien venu, Monsieur; il y a longtemps que j'avais envie d'avoir l'honneur de vous voir.

M. DE SAINT-DIDIER.

Je ne le désirais pas moins ; mais j'ai tant d'affaires chez moi, que je ne puis guère quitter.

M. DE SOMBREUIL.

Pour moi, je n'ai point d'affaires; j'ai abandonné mon bien, parce qu'il ne me rapportait que très peu de chose. Que pouvez-vous faire du vôtre, qui vaut encore moins que le mien?

M. DE SAINT-DIDIER.

Je le fais valoir avec de la peine et du soin; mais il me suffit pour ma subsistance et celle de toute ma famille.

M. DE SOMBREUIL.

Ce que vous dites n'est pas possible; je connais ce que vous avez, vous ne sauriez aller au bout de l'année.

M. DE SAINT-DIDIER.

Je vous surprendrais donc bien, si je vous faisais voir que j'en ai de reste, que j'envoie de l'argent à mon fils à l'armée, et que je pourrais bien marier ma fille aînée!

M. DE SOMBREUIL.

Vous avez donc la pierre philosophale?

M. DE SAINT-DIDIER.

Je ne l'ai point, mais je travaille : je me lève matin, je me couche tard, nous sommes sobres, et trouvons moins de honte à ne manger quelquefois que du pain et des légumes que d'être à charge à nos amis, ou d'aller mendier du secours.

M. DE SOMBREUIL.

Un homme de votre condition vivre de légumes?

M. DE SAINT-DIDIER.

Nous n'en vivons pas toujours, et nous faisons quelquefois très bonne chère par le gibier que je tue et par notre basse-cour; mais si nous pouvions vendre ce que nous mangeons, nous le ferions volontiers, ne comptant point pour un malheur de vivre de pain; mon bonheur est d'avoir une famille qui pense comme moi.

M. DE SOMBREUIL.

Où trouvez-vous de l'argent pour habiller vos enfants.

M. DE SAINT-DIDIER.

Ma femme et mes filles filent la toile et l'étoffe dont nous avons besoin.

M. DE SOMBREUIL.

Vous les élevez donc en servantes? Ont-elles oublié leur naissance?

M. DE SAINT-DIDIER.

Elles s'en souviennent pour ne faire jamais de bassesses, pour s'élever par leur courage au-dessus de leur fortune; et ces personnes qui ne sont vêtues que de la toison de leurs moutons, ont assez de générosité pour être ravies que le profit de leurs épargnes soit employé pour celui de la famille qui en a le plus besoin.

M. DE SOMBREUIL.

J'ai été contraint de retirer mes enfants du service du roi; nous cherchons les uns et les autres à nous donner à quelque particulier; en attendant, tout nous manque.

M. DE SAINT-DIDIER.

Je vous plains du parti que vous prenez.

SCÈNE DEUXIÈME.

CONSTANCE.

Quel plaisir de vous retrouver après une si longue séparation, ma chère sœur!

ADÉLAÏDE.

Il est bien grand pour moi; mais vous me paraissez en mauvais état?

CONSTANCE.

Vous n'êtes pas de même, ce me semble; quel bonheur avez-vous trouvé?

ADÉLAÏDE.

Quand la perte de nos biens nous sépara, je songeai promptement à ce que je pouvais faire pour ne pas tomber dans la nécessité; je pris courage, je me mis dans une chambre et j'attirai de petites filles chez moi; je m'appliquai à leur montrer tout ce qu'on m'avait appris dans ma jeunesse. Les parents en furent satisfaits, et il y eut de l'empressement à m'en donner. Ce travail me fournit abondamment de quoi vivre; je pris un plus grand logement, et je continue dans cet emploi, le trouvant également bon pour ma fortune et pour mon salut.

CONSTANCE.

Je vous admire ! mais je n'aurais jamais la force d'en faire autant, et j'aime mieux manger en repos ce que je puis trouver dans la charité de ceux qui ne connaissent pas ma misère. Voilà tout ce que j'ai fait depuis que je vous ai quittée.

ADÉLAÏDE.

Quoi ! vous ne voudriez pas venir partager mon travail et mon bien ?

CONSTANCE.

Non, je ne saurais rien faire.

ADÉLAÏDE.

Ce malheur est plus grand que la misère. J'admirais l'autre jour deux jeunes garçons de notre quartier : l'un est né bien fait, l'autre estropié à n'avoir que les bras de libres, et tous deux dans une extrême nécessité; celui qui est sain demande l'aumône, et l'estropié gagne par son travail de quoi subsister et de quoi nourrir un autre misérable, qui lui rend les services dont il a besoin.

CONSTANCE.

Je n'ai jamais pu comprendre qu'on pût vivre de son travail, et j'aime mieux mourir à l'hôpital.

SCENE TROISIÈME.

LA ROCHE.

Bonjour, camarade; que viens-tu chercher en province ?

GERMAIN.

Je viens faire une recrue, mais je n'en peux venir à bout, et je m'en vais tout quitter, ne pouvant soutenir la peine qu'il y a dans le service ; en avez-vous fait autant ?

LA ROCHE.

Quitter le service? moi! Je prétends faire une grande fortune ou mourir en chemin.

GERMAIN.

Comment pouvez-vous subsister? Vous voilà sans plumes, sans rubans, sans cravate; avez-vous tout vendu pour vivre? Pour moi, j'en suis là, le vin est cher, il est impossible de vivre de notre paye.

LA ROCHE.

Je n'ai rien vendu; n'ayant personne à voir ici, j'épargne tout ce que j'ai, je ne bois point de vin, je vis souvent de fromage; mais ma recrue est partie, je vais la rejoindre dès que j'aurai vendu quelque arpent de vigne qui me reste, et j'espère paraître bientôt fort leste à la tête d'une très belle compagnie.

GERMAIN.

Je me sens du courage pour les occasions; mais je n'ai point celui de me passer des choses nécessaires, j'en aurais de la honte.

LA ROCHE.

Il faut avoir en tout du courage, il n'y a rien de honteux que de mal faire.

Tant vaut l'homme, tant vaut la terre.

IL N'EST RIEN DE SI ORGUEILLEUX QU'UN GUEUX REVÊTU.

PERSONNAGES :

Mme MARTIN,
MÉLANIE,
ALPHONSINE, } demoiselles sans fortune.
LAVERDURE, laquais.
UN PROCUREUR.

SCENE PREMIÈRE.

MÉLANIE.

Que j'ai de joie de vous revoir, après une si longue absence que je n'espérais plus me retrouver avec vous !

ALPHONSINE.

Il ne faut désespérer de rien, et j'avais toujours une certaine confiance au fond du cœur, qui me disait que nous nous verrions encore.

MÉLANIE.

Votre fortune est-elle toujours mauvaise?

ALPHONSINE.

Elle l'est plus que jamais : j'ai perdu mon père, et avec lui le peu de bien que je pouvais avoir, et je viens à Paris pour servir.

MÉLANIE.

Voilà une grande conformité dans notre état ; j'y suis pour la même intention, aimant mieux servir loin de mon pays qu'avec des gens de ma connaissance.

ALPHONSINE.

Je pense comme vous, et de plus les provinces sont trop misérables pour gagner quelque chose; on le peut plus aisément à Paris.

MÉLANIE.

Avez-vous quelque connaissance qui puisse vous chercher une condition?

ALPHONSINE.

Oui, j'ai une marraine qui connaît bien des gens, et qui a de la bonté pour moi.

MÉLANIE.

J'ai un procureur chez qui je loge, qui espère me placer. Adieu, je vous désire autant de bonheur qu'à moi-même.

ALPHONSINE.

Je serais ravie que nous trouvassions quelque chose de bon.

SCÈNE DEUXIÈME.

LE PROCUREUR.

On me promet une bonne place pour vous, Mademoiselle; ce sont des gens fort riches, qui font grande dépense; ils sont un peu difficiles à servir, et veulent de grands respects.

MÉLANIE.

Il faut bien en avoir pour les maîtres, et je me soumettrai à tout.

LE PROCUREUR.

Ce sont des gens sans naissance, et qui ont fait une grande fortune.

MÉLANIE.

Ce n'est pas aux malheureux à choisir; je ferai de mon mieux pour les contenter.

LE PROCUREUR.

Vous voulez que je conclue avec eux?

MÉLANIE.

Vous m'obligerez, et j'espère que vous n'aurez point de reproche de vous être mêlé de moi.

SCÈNE TROISIÈME.

MÉLANIE.

Êtes-vous placée?

ALPHONSINE.

Oui, avec les plus honnêtes gens du monde.

MÉLANIE.

Vous en jugez bien vite; les commencements sont presque toujours beaux, mais il n'en sera peut-être pas toujours de même.

ALPHONSINE.

J'avoue que je porte un peu vite mon jugement des gens chez qui je suis, et si je ne craignais que vous ne vous moquassiez de moi, je vous dirais que je répondrai qu'ils ne changeront pas.

MÉLANIE.

Sont-ce des personnes riches et puissantes?

ALPHONSINE.

Ce sont des gens d'une grande naissance et d'une assez petite fortune; mais je préférerais leur vertu, leur douceur et la règle de leur conduite à tout ce que je pourrais trouver ailleurs. Mais c'est trop parler de ce qui me regarde; êtes-vous dans quelque espérance?

MÉLANIE.

On me doit mener au premier jour chez une dame fort riche.

ALPHONSINE.

Dieu veuille qu'elle joigne à ces avantages ceux que je compte pour beaucoup plus!

SCÈNE QUATRIÈME.

LE PROCUREUR.

Votre future maîtresse vous demande.

MÉLANIE.

Irai-je seule, ou si vous me mènerez vous-même?

LE PROCUREUR.

Je ne le puis présentement; j'irai bientôt vous y trouver. Voilà un de ses laquais qui vous y suivra.

SCÈNE CINQUIÈME.

LAVERDURE.

Venez, Mademoiselle, et gardez-vous bien de faire attendre ma maîtresse.

MÉLANIE.

Est-elle impatiente?

LAVERDURE.

Ce n'est pas par impatience; mais elle prétend que les personnes de qualité ne doivent jamais attendre.

MÉLANIE.

De quelle maison est-elle?

LAVERDURE.

Elle est de la rue de La Halle.

MÉLANIE.

Je ne demande pas où elle demeure, mais ce que c'est que son nom, sa maison, sa famille.

LAVERDURE.

Son nom est la petite Margot, fille de la grosse Margot, qui était la plus habile de Paris dans son métier.

MÉLANIE.

Ne raillez point, je vous prie, et instruisez-moi d'une maison où je vais demeurer.

LAVERDURE.

Vous allez venir chez nous?

MÉLANIE.

Je le crois, à moins que je ne déplaise à Madame.

LAVERDURE.

Voici la vérité : notre dame est fille unique d'une harangère, qui a amassé beaucoup de bien ; elle en a hérité seule, ses frères et sœurs étant morts ; on l'a mariée à un laquais qui a fait sa fortune chez un traitant, et ces deux personnes ensemble sont très riches, font grande dépense, et sont très difficiles à servir. Mais voilà notre logis.

SCÈNE SIXIÈME.

Mme MARTIN.

Êtes-vous celle dont mon procureur m'a parlé?

MÉLANIE.

Oui, Madame.

Mme MARTIN.

Vous a-t-il dit combien vous êtes heureuse de venir chez moi?

MÉLANIE.

Il m'a fait espérer que je le serais.

Mme MARTIN.

Il faut me servir à table, car une personne comme moi ne reçoit rien de la main d'un laquais.

MÉLANIE.

J'obéirai, Madame.

Mme MARTIN.

Apportez-moi un siége... Quoi ! c'est un siége en effet que vous m'apportez. Comment pouvez-vous croire que je serais assise autrement que dans une chaise à bras ?

MÉLANIE.

Je vous demande pardon !

Mme MARTIN.

Cela est trop libre, de me demander pardon ! Ne me parlez jamais que je ne l'ordonne. Voici Monsieur qui vient, sortez, et ne venez dans ma chambre que lorsque je vous ferai appeler.

SCÈNE SEPTIÈME.

LAVERDURE.

Eh bien ! Mademoiselle, qu'en dites-vous ? N'est-elle pas gracieuse ?

MÉLANIE.

Où faut-il que j'aille, quand je ne serai pas dans sa chambre ?

LAVERDURE.

Venez chez ses enfants, leur faire la cour; mais gardez-vous bien de les toucher, de les caresser ; il faut les divertir sans les approcher.

SCÈNE HUITIÈME.

ALPHONSINE.

Je suis venue vous chercher pour savoir si vous êtes en condition.

MÉLANIE.

Oui ; mais je crains bien d'avoir bientôt à en sortir. Les gens chez qui je suis paraissent bien difficiles à contenter ; je ne sais si c'est ma faute ou la leur. Comment vous traite votre maîtresse ?

ALPHONSINE.

Comme si j'étais sa sœur, excepté que je la sers ; mais elle reçoit mes services, et les demande avec tant de douceur et de bonté, que je me trouve consolée d'avoir à servir.

MÉLANIE.

Êtes-vous souvent auprès d'elle ?

ALPHONSINE.

Presque toujours.

MÉLANIE.

Vous passez donc votre vie debout ?

ALPHONSINE.

Je suis debout pour l'habiller, et après cela je suis assise.

MÉLANIE.

Vous vous asseyez devant vos maîtres ?

ALPHONSINE.

Est-ce que vous ne l'osez devant les vôtres ?

MÉLANIE.

Pour me bien éclaircir, contez-moi vos journées.

ALPHONSINE.

Ma maîtresse se lève à une heure réglée ; elle n'appelle personne, et prie Dieu assez longtemps pour me donner celui dont j'ai besoin. Je vais dans sa chambre lui donner une écharpe ; elle va à la messe, et j'y vais avec elle ; au retour, elle s'habille sans y donner beaucoup de soin ; elle lit tout haut ou me fait lire en travaillant assise auprès d'elle. On dîne, je mange avec elle, s'il n'y a point trop de monde ; elle demeure quelque temps avec la compagnie, s'il y en a ; il m'est libre d'y demeurer ou d'aller où je veux ;

quand il n'y a personne, elle est quelque temps avec son mari; elle reprend son ouvrage dès qu'il est sorti; elle me parle avec une bonté charmante; on fait encore quelque lecture; elle prie Dieu, et je puis faire mes prières auprès d'elle ou aller dans ma chambre; on soupe comme on a dîne, on cause quelques instants après le souper, et ensuite elle se couche.

MÉLANIE.

Son mari est donc de même humeur qu'elle?

ALPHONSINE.

C'est la bonté et la politesse mêmes; il ne reçoit pas le plus petit service de moi sans m'en faire des excuses; et il faut que tous les gens me servent comme si j'étais la fille de la maison.

MÉLANIE.

Vous êtes bien heureuse.

ALPHONSINE.

Instruisez-moi, comme je vous ai instruite, puisque je ne prends pas moins de part à votre bonheur qu'au mien.

MÉLANIE.

Ma maîtresse se lève un jour à sept heures, un jour à midi, parce qu'elle prétend que les gens de qualité en usent ainsi. Elle prend un bouillon, se met à sa toilette, où elle est jusqu'à deux heures, et de très mauvaise humeur; elle fait apporter tous ses habits, et ne sait celui qu'elle veut mettre; elle gronde sans cesse de ce qu'on touche les choses qu'on lui donne; elle m'a reproché de ne pas savoir vivre avec les grands; elle m'appelle campagnarde, gueuse, misérable. Son mari se fait déchausser par moi, si son valet ne s'y trouve pas; ils parlent ensemble de leurs richesses; ils cherchent à se faire traiter en grands seigneurs, et ne le savent pas. Je suis tout le jour debout; ma maîtresse ne travaille jamais; elle attend compagnie, et il n'en vient guère, ce qui la met de mauvaise humeur; tous leurs gens vont les quitter et je crois faire de même.

Il n'est rien de si orgueilleux qu'un gueux revêtu.

A BREBIS TONDUE DIEU MESURE LE VENT.

PERSONNAGES:

Mme D'ARMAGNAC.
Mme DE VILLENEUVE.
Mme DURAND.
M. DURAND fils.

SCÈNE PREMIÈRE.

Mme D'ARMAGNAC.

Quelque joie que j'aie de vous voir chez moi, Madame, je suis fâchée du désordre où vous voyez ma maison.

Mme DURAND.

Elle est si belle et si grande qu'il y a plusieurs endroits à habiter pendant qu'on travaille aux autres.

Mme D'ARMAGNAC.

Vous trouvez cette maison grande! je n'y trouve pas la moitié de ce qu'il me faudrait.

Mme DURAND.

Il faut que vous ayez une quantité prodigieuse de gens pour la remplir!

Mme D'ARMAGNAC.

Je ne songe point à la remplir, mais à jouir de plusieurs

appartements pour moi, et d'en avoir pour toutes les saisons.

Mme DURAND.

Un appartement commode ne vous suffit pas?

Mme D'ARMAGNAC.

Et à qui, Madame, pourrait-il suffire? Moi, je logerais l'été dans un appartement chaud, et l'hiver dans un appartement froid! qui peut soutenir une telle misère?

Mme DURAND.

Il ne faut pas disputer des goûts; mais le mien ne serait pas si insatiable que le vôtre.

Mme D'ARMAGNAC.

Je vais vous conduire où vous devez loger.

Mme DURAND.

Ne me traitez pas avec cette cérémonie, je vous en conjure.

Mme D'ARMAGNAC.

Puisque vous ne le voulez pas absolument, je vous laisse avec madame de Villeneuve, qui saura vous mener partout.

SCÈNE DEUXIÈME.

Mme DE VILLENEUVE.

Vous êtes apparemment, Madame, du voisinage et des amies de cette maison?

Mme DURAND.

Oui, Madame, j'en ai une petite à une lieue d'ici.

Mme DE VILLENEUVE.

Je ne crois pas que madame d'Armagnac vous y rende une visite; car il me paraît qu'elle veut toujours être dans un palais.

Mme DURAND.

Il est vrai qu'elle est bien étonnée que je puisse vivre dans une petite terre, et dans un logement où il n'y a que le nécessaire.

Mme DE VILLENEUVE.

En effet, Madame, n'y souffrez-vous pas un peu, et surtout quand vous sortez de ce lieu-ci ?

Mme DURAND.

Je sais accommoder mon goût à mon état; je ne changerais pas ma condition pour celle de madame d'Armagnac. Mais la voici tout échauffée.

SCÈNE TROISIÈME.

Mme D'ARMAGNAC.

Avec plus de cinquante domestiques que j'ai, je ne suis pas assurée de vous donner un bon souper, et je crois que mes gens ont pris à tâche de me désespérer aujourd'hui.

Mme DURAND.

Ne vous fâchez pas, Madame; nous ne sommes pas accoutumés à la magnificence comme vous; et il y en aura trop pour nous.

Mme D'ARMAGNAC.

Je suis contrariée! partout on a pêché sans rien prendre pour ce soir; on revient de la chasse sans une pièce de gibier. Adieu.

SCÈNE QUATRIÈME.

Mme DURAND.

Voilà une étrange inquiétude!

Mme DE VILLENEUVE.

Vous ne vous en donnez peut-être pas tant dans votre petite maison.

Mme DURAND.

Il est vrai, Madame; je suis fort tranquille; rien ne me manque de tout ce que je puis désirer.

Mme DE VILLENEUVE.

C'est peut-être votre modération qui vous rend heureuse, car il n'est pas possible que vous n'ayez en petit les peines que madame d'Armagnac a en grand.

Mme DURAND.

Je voudrais mériter les louanges que vous me donnez, mais je vous assure que j'ai très peu de choses à souffrir.

Mme DE VILLENEUVE.

Quand on se fait un malheur de ne pas avoir de tout en abondance, peu de personnes sont heureuses.

Mme DURAND.

Mon abondance est proportionnée à mes besoins; j'ai peu de domestiques, mais ils me servent parfaitement; j'ai peu d'enfants, et ils ne me donnent que du plaisir.

Mme DE VILLENEUVE.

Mais quand, sur ce peu de bien, il vous arrive une grêle, un incendie, le vol d'un valet, n'en êtes-vous point fâchée?

Mme DURAND.

Il ne m'est jamais rien arrivé de tout ce que vous venez de dire.

Mme DE VILLENEUVE.

Quoi! vos terres rapportent également tous les ans?

Mme DURAND.

A peu près; si une chose manque, une autre vient en quantité, et l'une remplace l'autre.

Mme DE VILLENEUVE.

Ne sentez-vous pas la peine des maladies?

Mme DURAND.

Je suis fort saine, mes enfants sont vigoureux, et je n'ai jamais vu mon mari incommodé.

SCÈNE CINQUIÈME.

Mme DE CLERMONT.

Sauvez-vous, Mesdames, le feu est ici. Le vent qui vient de ce côté-là ne laisse pas lieu d'espérer qu'on puisse l'éteindre.

Mme DE VILLENEUVE.

Où est la pauvre madame d'Armagnac?

Mme DE CLERMONT.

Elle se désespère

Mme DURAND.

D'où vient que mon fils est ici?

M. DURAND FILS.

Je vous cherche, ma mère, pour dire que le feu prit chez vous.

Mme DURAND.

Eh bien?

M. DURAND FILS.

Il fut éteint en un moment par l'affection de vos gens, et le vent qu'il avait fait tout le jour cessa comme par miracle.

Mme DURAND A Mme DE VILLENEUVE.

Vous voyez, Madame, que je vous ai dit vrai, et que les accidents ne sont pas pour moi.

A brebis tondue Dieu mesure le vent.

MÉCHANT OUVRIER N'A JAMAIS BON OUTIL.

—

PERSONNAGES :

Mme DORBAC.
Mme DE SAINT-CYR.
Mlle DORBAC.
Mme MORIN, femme de confiance de Mme Dorbac.
THÉRÈSE, JUSTINE, } servantes.

SCÈNE PREMIÈRE.

Mme DE SAINT-CYR.

Puis-je vous demander, sans être indiscrète, si quelque chose vous afflige?

Mme DORBAC.

Ma patience est à bout sur l'éducation de ma fille.

Mme DE SAINT-CYR.

N'est-ce point que vous la voulez trop parfaite?

Mme DORBAC.

Non, mais je ne puis venir à bout des moindres choses ; et m'en occupant depuis le matin jusqu'au soir, je ne puis lui apprendre ce que tous les enfants savent.

Mme DE SAINT-CYR.

Je suis plus heureuse dans mes enfants; j'en ai beaucoup, et pas un ne m'embarrasse.

Mme DORBAC.

Donnez-moi vos conseils, je vous en conjure.

Mme DE SAINT-CYR.

Je ne sais rien là-dessus de particulier; je tâche de leur faire entendre raison, je mêle la douceur à la fermeté, et j'attends avec patience que Dieu bénisse ce que je fais.

Mme DORBAC.

Je n'ai point encore essayé de la douceur.

Mme DE SAINT-CYR.

C'est pourtant par où il faut commencer.

Mme DORBAC.

Je veux vous croire, et je vous dirai comment je m'en serai trouvée.

SCÈNE DEUXIÈME.

JUSTINE.

Nos maîtresses sont ensemble, et nous donnent le temps de nous voir.

THÉRÈSE.

Je ne sais comment elles se cherchent, car je n'ai jamais vu deux personnes si différentes.

JUSTINE.

La mienne est la douceur même, et d'une égalité d'humeur qui est surprenante.

THÉRÈSE.

La mienne n'est ni rude ni méchante, mais tout l'embarrasse; le soin de sa fille l'inquiète, elle ne sait ni s'en faire aimer ni s'en faire craindre.

JUSTINE.

Est-ce qu'elle est mal née?

THÉRÈSE.

Non, elle est bonne enfant avec nous autres.

JUSTINE.

Votre maîtresse n'a-t-elle que cette fille-là?

THÉRÈSE.

Elle en a perdu une qui lui donnait autant de peine, et dont elle nous conte tous les jours des merveilles.

JUSTINE.

D'ailleurs est-elle aisée à servir?

THÉRÈSE.

On ne fait jamais à sa mode; elle change souvent de domestiques, et je ne crois pas qu'elle en trouve jamais à son gré.

JUSTINE.

Voici ces dames qui reviennent; adieu, je te prie que ce ne soit pas pour longtemps.

SCÈNE TROISIÈME.

Mme DORBAC.

J'ai essayé de la douceur avec ma fille, comme vous me l'aviez conseillé, mais elle fait plus mal que jamais.

Mme DE SAINT-CYR.

J'ai envie de vous la demander, pour voir de près ce que c'est que son humeur.

Mme DORBAC.

Vous me ferez un extrême plaisir, mais je crains qu'elle ne vous incommode.

Mme DE SAINT-CYR.

A parler franchement, je n'ai pas de logement de reste, prenez pendant ce temps-là un de mes enfants.

Mme DORBAC.

J'en serai ravie! garçon, fille, donnez-moi ce que vous voudrez.

Mme DE SAINT-CYR.

Voilà qui est fait; un garçon, c'est moins embarrassant, je vais vous l'envoyer et emmener mademoiselle votre fille

---

SCÈNE QUATRIÈME.

Mme DORBAC.

Je prends pour quelque temps auprès de moi le fils de madame de Saint-Cyr, ayez-en soin; servez-le, et me rendez compte de tout ce qu'il fera.

Mme MORIN.

Je n'y manquerai pas, Madame.

Mme DORBAC.

Il ne vous donnera pas grand'peine; on dit que ces enfants-là sont très bien nés.

Mme MORIN.

On le dit, et que Madame leur mère est une habile femme.

Mme DORBAC.

Je la crois très habile, mais il y a des gens heureux en tout. Appelez Thérèse, et qu'elle m'apporte mon ouvrage.

SCÈNE CINQUIÈME.

Mme DORBAC.

Avez-vous de la soie et des aiguilles?

THÉRÈSE.

J'ai couru tous les marchands; on m'assure que ce que je vous apporte est tout du meilleur.

Mme DORBAC.

Quelle aiguille! elle est grosse comme les doigts.

THÉRÈSE.

En voilà des petites.

Mme DORBAC.

Je ne puis l'enfiler; la soie est trop grosse; ah! quel canevas! il m'est impossible de travailler.

SCÈNE SIXIÈME.

Mme DE SAINT-CYR.

Ne perdons pas de temps, Mademoisell et soyez assez simple pour me dire de bonne foi les sujets que madame votre mère a à se plaindre de vous.

Mlle DORBAC.

Je ne les ai jamais bien compris, car j'ai toujours eu une grande envie de lui plaire.

Mme DE SAINT-CYR.

Qu'est-ce qu'elle désirait de vous?

Mlle DORBAC.

Tantôt une chose et tantôt une autre.

Mme DE SAINT-CYR.

Quoi! des choses opposées?

Mlle DORBAC.

Quelquefois.

Mme DE SAINT-CYR.

Elle est donc un peu bizarre?

Mlle DORBAC.

Je ne le crois pas, Madame; il y avait sans doute de ma faute.

Mme DE SAINT-CYR.

Vous parlait-elle souvent?

Mlle DORBAC.

Dans de certains temps.

Mme DE SAINT-CYR.

Exigeait-elle que vous ne parlassiez guère?

Mlle DORBAC.

Selon l'humeur où elle était.

Mme DE SAINT-CYR.

Voudrez-vous bien suivre ce que je vous dirai?

Mlle DORBAC.

Oui, Madame, je le ferai en tout.

Mme DE SAINT-CYR.

Je n'aime pas les filles qui parlent.

Mlle DORBAC.

Je me tairai autant que vous le voudrez.

Mme DE SAINT-CYR.

Je veux que l'on travaille.

Mlle DORBAC.

C'est mon inclination, et quand cela ne serait pas, je le ferais pour vous obéir.

Mme DE SAINT-CYR.

Il faut avec moi être diligente, se lever le matin, être peu occupée de sa personne, et donner tout son temps à des choses utiles.

Mlle DORBAC.

J'espère faire tout ce que vous me marquez.

Mme DE SAINT-CYR.

Qu'est-ce qui vous déplaira le plus?

Mlle DORBAC.

Je ne sens en moi aucune répugnance.

SCÈNE SEPTIÈME.

Mme DORBAC.

Me ramenez-vous déjà ma fille, Madame? je me doutais bien qu'elle vous montrerait bientôt tous ses défauts.

Mme DE SAINT-CYR.

Je ne devrais pas, Madame, juger d'elle si promptement, mais je suis si surprise de ce que je vois en elle que je n'ai pu attendre si longtemps pour vous le dire. C'est un ange; j'ai eu avec elle une conversation qui m'a surprise; sa douceur est charmante, son esprit passe son âge, son cœur m'a encore fait plus de plaisir; elle conserve pour vous une tendresse et un respect qui lui font prendre sur elle tout ce qui s'est passé entre vous; elle agit comme elle parle, elle est déjà adorée chez moi; et si elle continue comme elle commence, ce dont je répondrais après ce que j'ai vu, je crois, Madame, que je l'adopterais et vous laisserais mon fils.

Mme DORBAC.

Je n'en suis pas si contente; il fait un bruit horrible; j'ai voulu lui parler là-dessus, il l'a très mal reçu, et nous ne serons pas longtemps amis.

Mme DE SAINT-CYR.

Il était chez moi doux comme un mouton. Voici madame Morin qui vient pour vous parler.

Mme MORIN.

Monsieur de Salagnac voudrait vous parler.

Mme DORBAC.

Permettez-moi de sortir un moment.

SCÈNE HUITIÈME.

Mme DE SAINT-CYR.

Pendant que madame Dorbac n'y est pas, dites-moi des nouvelles de mon fils.

Mme MORIN.

Il est digne de vous, Madame, et de l'éducation que vous lui avez donnée. Nous l'aimons tous, et craignons que vous ne le repreniez.

Méchant ouvrier n'a jamais bon outil.

EXTRAITS DES LETTRES SUR L'ÉDUCATION.

MAXIMES POUR LES PAUVRES FILLES DE RUEIL.

1682.

Dieu vous a voulu réduire à servir; rendez-vous-en capables et accommodez-vous à votre fortune.

Dieu veut que les riches se sauvent en donnant leur bien, et les pauvres par n'en point avoir.

Les riches auront plus de peine à se sauver que les pauvres.

Il y a de bons riches et de très méchants pauvres.

Les riches vous donnent de quoi vivre, donnez-leur vos prières.

C'est ainsi que nous contribuons au salut les uns des autres.

Dieu a voulu que vous travaillassiez; ne souhaitez point d'autre état.

Les pauvres dorment mieux sur leur paille que les riches sur leurs lits magnifiques.

Ne croyez pas qu'il suffise d'être pauvre et souffrant pour être sauvé; il faut supporter patiemment cet état pour l'amour de Dieu.

N'enviez point le plaisir qu'il y a de faire l'aumône, puisqu'en la recevant vous pouvez avoir autant de mérite devant Dieu.

Ne murmurez jamais contre les riches; Dieu a voulu qu'ils le fussent, comme il a voulu que vous fussiez pauvres.

Si vous ne vous soumettez à la volonté de Dieu sur vous, votre misère vous sera aussi inutile pour l'autre monde qu'elle vous est pénible pour celui-ci.

Votre cœur est content pendant que votre corps travaille; la plupart des grands ont le cœur agité pendant qu'ils nous paraissent bien heureux

—

ÉDUCATION DES DEMOISELLES

DE LA MAISON DE SAINT-LOUIS.

1686.

1. L'éducation est chrétienne, raisonnable et simple.

2. On les instruit de la religion et on tâche de leur inspirer une piété solide, accommodée aux différents états où il plaira à Dieu de les appeler.

3. On les élève en séculières, bonnes chrétiennes, sans exiger d'elles les pratiques *religieuses*.

4. On leur donne une grande estime pour le catéchisme.

5. On leur inspire un grand respect pour le Saint-Siége, pour les évêques et pour tous les ministres de Jésus-Christ.

6. On leur enseigne qu'il n'y a rien de si important sur la terre que la réception des sacrements.

7. On leur inspire particulièrement l'horreur du péché, la pratique de la présence de Dieu, la docilité et une grande modestie.

8. On leur forme autant qu'on le peut une conscience simple, droite et ouverte.

9. Elles ne lisent de l'Écriture sainte que le Nouveau Testament.

10. On les réduit à un très petit nombre de livres.

11. On évite tout ce qui pourrait trop exciter leur esprit et leur curiosité.

12. On veut qu'elles parlent et écrivent simplement.

13. On ne leur laisse ni lettres ni manuscrits, ni bons ni mauvais.

14. On fait tout ce qu'on peut pour les rendre silencieuses et laborieuses.

15. On leur inspire l'horreur du monde sans vouloir les contraindre à être religieuses; mais on leur explique les avantages de cette condition.

16. On les instruit des devoirs des femmes du monde et de tous les états où elles pourront se trouver.

17. Elles sont toutes traitées également, et il n'y en a pas une de négligée.

18. On ne les distingue que par la sagesse, sans égard au plus ou moins de naissance, ni aux protections qu'elles pourraient avoir, ni aux agréments naturels.

19. On les rend simples et ingénues à tout dire, en les reprenant avec raison et douceur.

20. On essaye toujours de la douceur avant de venir à la rigueur.

21. On diversifie leurs instructions; on les fait courtes parce qu'elles sont fréquentes; on les égaye souvent.

22. On se sert de tout jusque dans les jeux pour former leur raison.

23. On tâche de les rendre franches, simples, généreuses, sans finesse, sans mystère, sans recpect humain, voulant bien que toutes voient que celles qui sont chargées des autres avertissent les maîtresses de tout.

INSTRUCTION AUX DAMES DE SAINT-LOUIS

SUR L'ÉDUCATION DES DEMOISELLES.

1er août 1686.

Dieu ayant voulu se servir de moi pour contribuer à l'éducation des pauvres demoiselles, je crois devoir continuer aux personnes qui sont destinées à les élever ce que mon expérience m'a appris sur les moyens de leur donner une bonne éducation; c'est assurément une des plus grandes austérités que l'on puisse pratiquer, puisqu'il n'y en a guère qui n'aient quelque relâche, et que, dans l'instruction des enfants, il faut y employer toute la vie.

Quand on veut seulement orner leur mémoire, il suffit de les instruire quelques heures par jour, et ce serait même une grande imprudence de les accabler plus longtemps; mais quand on veut former leur raison, exciter leur cœur, élever leur esprit, détruire leurs mauvaises inclinations, en un mot, leur faire connaître et aimer la vertu, on a toujours à travailler, et il s'en présente à tous moments des occasions. On leur est aussi nécessaire dans les divertissements que dans leurs leçons, et on ne les quitte jamais qu'elles n'en reçoivent quelque dommage.

Mais comme il ne sera pas possible qu'une seule personne puisse conduire un certain nombre d'enfants, il sera nécessaire d'avoir plusieurs maîtresses pour la même classe; il faut qu'elles agissent avec une grande union et un très grand rapport des mêmes sentiments, que leurs maximes soient pareilles, et qu'elles tâchent de les insinuer avec les mêmes manières.

Il est besoin, dans cet emploi plus que dans aucun autre, de s'oublier entièrement soi-même, ou au moins, si l'on s'y propose quelque gloire, il n'en faut attendre qu'après le succès, et cependant se servir des moyens les plus simples pour y parvenir. Quand je dis qu'il faut s'oublier soi-même, c'est qu'il ne faut songer qu'à se faire entendre et à persuader; il faut abandonner l'éloquence, qui pourrait attirer l'admiration des auditeurs; il faut même badiner avec les enfants dans de certaines occasions et s'en faire aimer pour acquérir sur eux un pouvoir dont ils puissent profiter. Mais il ne faut pas se méprendre aux moyens dont on doit se servir pour se faire aimer; il n'y a que les moyens raisonnables qui réussissent, et il n'y a que les intentions droites qui attirent la bénédiction de Dieu.

On doit moins songer à orner leur esprit qu'à former leur raison : cette méthode, à la vérité, fait moins paraître le savoir et l'habileté des maîtresses; une jeune fille qui sait mille choses par cœur brille plus en compagnie et satisfait plus ses proches que celle dont on a pris soin seulement de former le jugement, qui sait se taire, qui est modeste et retenue, et qui ne paraît jamais pressée de montrer son esprit.

Il faut quelquefois leur laisser faire leur volonté pour connaître leurs inclinations, leur apprendre la différence de ce qui est mal, de ce qui est bien, de ce qui est indifférent, et leur accorder tout ce qui est de cette dernière espèce.

Je crois que toutes les personnes qui se donneront la peine de lire ceci entendront aussi bien que moi ce que je veux dire par les choses indifférentes; mais comme je ne songe qu'à être utile, j'entrerai dans un détail qui peut-être pourra paraître ennuyeux. La manière de vie uniforme des jeunes demoiselles de Saint-Cyr fournit moins de sujets de leur faire ces sortes de distinctions qu'aux enfants nourris dans le monde, où il s'en trouve tous les jours de nouvelles occasions; mais on peut, par exemple, leur accorder une compagne au lieu d'une autre, une promenade d'un côté au lieu d'un autre, un jeu et mille bagatelles qui leur font voir que l'on ne veut être maîtresse que quand il le faut, et qu'elles le seraient en tout si elles étaient raisonnables. J'excepte des exemples que j'ai donnés ceux où il se pourrait trouver des conséquences. Une compagne peut être dangereuse, une promenade peut avoir quelque inconvénient, un jeu peut n'être pas de saison; mais je voudrais qu'en les refusant on leur en dît la raison, autant que la prudence le peut permettre, et tâcher même de leur accorder souvent ce qu'elles demandent pour leur refuser ce qui serait mal avec une fermeté qui ne se rende jamais : il n'est pas croyable combien ces manières-là rendent le gouvernement facile et absolu.

Il est bon de les accoutumer à ne voir jamais rien accorder à leur importunité. Il faut être implacable sur les vices, et les punir ou par la honte ou par des châtiments qu'il faut faire très vigoureux, et le plus rarement que l'on peut.

Il faut bien se garder de la dangereuse maxime de quelques personnes qui, par une crainte scrupuleuse que Dieu ne soit offensé, évitent soigneusement les occasions où les enfants pourraient faire paraître leurs inclinations; on ne peut trop les connaître pour leur inspirer l'horreur du vice et l'amour de la vertu, dans laquelle il faut les affermir en leur donnant des principes qui les empêchent de manquer par ignorance.

Il faut étudier leurs inclinations, observer leur humeur, et suivre leurs petits démêlés pour les former sur tout; car l'expérience ne fait que trop voir combien l'on fait de fautes sans les connaître, et combien de personnes sont tombées dans le crime sans être nées plus méchantes que d'autres qui ont vécu innocemment.

Il faut donc leur apprendre à éviter les occasions, et qu'une des plus dangereuses est la mauvaise compagnie.

On doit leur apprendre toutes les délicatesses de l'honneur, de la probité, du secret, de la générosité et de l'humanité, et leur peindre la vertu aussi belle et aussi aimable qu'elle l'est.

Quelques petites histoires convenables à ce dessein leur sont très propres et utiles, et les instruisent en les divertissant; mais il faut qu'elles soient persuadées que si la vertu n'a la religion pour fondement, elle n'est point solide, et que Dieu ne soutient point, mais réprouve ces vertus païennes et héroïques qui ne sont que les effets d'un orgueil délicat et insatiable pour les louanges.

Il n'est pas nécessaire de faire de longues instructions sur ces matières-là, et il vaut mieux les placer selon les occasions qui se présentent.

Il faut se faire estimer des enfants, et le seul moyen pour y parvenir est de ne leur point montrer de défauts, car on ne saurait croire combien ils sont éclairés pour les démêler; cette étude de leur paraître parfaite est d'une grande utilité pour soi-même.

Il ne faut jamais les gronder par humeur, ni leur donner lieu de croire qu'il y a des temps plus favorables les uns que les autres pour obtenir ce qu'ils désirent.

Il faut caresser les bons naturels, être sévère avec les mauvais, mais jamais rude avec aucuns.

Il faut par des complaisances leur faire aimer la présence de leurs maîtresses, et qu'ils fassent devant elles les mêmes choses que s'ils étaient abandonnés à eux-mêmes.

Il faut entrer dans les divertissements des enfants, mais il ne faut jamais s'accommoder à eux par un langage enfantin, ni par des manières puériles; on doit au contraire les élever à soi en leur parlant toujours raisonnablement; en un mot, comme on ne peut être ni trop, ni trop tôt raisonnable, il faudrait accoutumer les enfants à la raison dès qu'ils peuvent entendre et parler, et d'autant plus qu'elle ne s'oppose pas aux plaisirs honnêtes qu'on doit leur permettre.

Les agréments extérieurs, la connaissance des langues étrangères, et mille autres talents dont on veut que les filles de qualité soient ornées, ont leurs inconvénients pour elles-mêmes ; car ces soins prennent un temps qu'on pourrait employer plus utilement. Les demoiselles de la maison de Saint-Louis ne doivent pas être élevées de cette manière, quand on le pourrait ; car, étant sans bien, il n'est pas à propos de leur élever l'esprit et le cœur d'une façon si peu convenable à leur fortune et à leur état.

Mais le christianisme et la raison, qui est tout ce que l'on veut leur inspirer, sont également bons aux princesses et aux misérables ; et si nos demoiselles profitent de ce que je crois qu'elles entendront, elles seront capables de soutenir tout le bien et tout le mal qu'il plaira à Dieu de leur envoyer.

MAXIMES OU NOTES SUR L'ÉDUCATION.

1690.

Observer l'humeur et la capacité de chaque enfant, et ensuite se conduire selon leur naturel, car il y en a qui se corrigent aussi facilement par une correction de parole que par celle de la main ; épuiser la raison et la douceur avant que d'en venir à la rigueur ; ne point rabaisser leur courage, mais leur montrer en quoi consiste la bonne gloire.

Ne leur faire jamais d'histoires dont il faille les désabuser quand elles ont de la raison, mais leur donner le vrai comme vrai, le faux comme faux.

Ne leur faire jamais peur que du péché, et encore par des

raisons solides, et non par des inventions qui remplissent leurs têtes de fausses idées.

Il ne faut être partiale que pour le mérite et la vertu, en sorte qu'on connaisse que celles qu'on favorise et qu'on aime le mieux, c'est parce qu'elles sont les plus sages.

Ne pardonner jamais le mensonge ni tout ce qui est vice.

Convaincre les enfants qu'on les aime, et que ce qu'on fait est pour leur bien.

Être en garde contre les plus petits défauts, afin qu'on ne puisse reprocher à la maîtresse ce qu'on reprend dans les écolières.

Ne laisser rien apprendre par cœur qui ne soit excellent; donner de grandes et solides idées de religion aux demoiselles qui sont capables de les concevoir.

Reporter tout à Dieu et à la Providence.

Leur montrer ce qu'il y a de faux dans les plaisirs du monde et de solide dans leur retranchement.

Ne leur faire rien affecter à l'extérieur de trop gêné, mais leur faire pratiquer la modestie et la bienséance convenables aux personnes de notre sexe.

Leur soulager l'obéissance en leur rendant raison de tout ce qu'on leur refuse quand la chose d'elle-même paraît faisable.

Avoir toujours beaucoup de complaisance pour tout ce que l'on peut accorder sans blesser la règle

Leur faire aimer la vertu en la leur montrant par ce qu'elle a de plus attirant pour elles.

Se ménager de telle sorte dans son autorité, que la crainte n'empêche pas la liberté de l'esprit des enfants dans les temps de récréation.

Leur former tout doucement les sentiments du cœur par beaucoup de mépris pour la lâcheté et pour la bassesse.

Les faire juger d'un événement, leur donner de certains

choix qui puissent faire connaître ce qu'elles pensent et ce qu'elles conçoivent, comme, par exemple : lequel aimeriez-vous mieux d'être reine avec tous les avantages qui accompagnent cet état, mais sans aucune des qualités nécessaires à la royauté, ou être pauvre demoiselle sans biens, privée de tous les plaisirs du monde, mais ayant d'ailleurs de la sagesse, de l'esprit et de la vertu, etc.? Et ensuite les faire convenir, quand elles choisissent ce dernier, qu'il faut que le mérite soit d'un grand prix, puisqu'on le préfère à tout ce qui charme et qui éblouit dans le monde, et les exciter par là à l'amour de la vertu et à la correction de leurs défauts.

Il ne faut point forcer l'esprit des enfants ni s'opiniâtrer à les rendre toutes des merveilles, car il est impossible que dans un si grand nombre il n'y en ait d'un médiocre génie; mais il ne faut semer ni insinuer que ce qui est bon, et laisser le succès à la Providence. Il est impossible que des filles qui ne voient dans leur jeunesse que de bons exemples et qui n'écoutent que de bonnes paroles, ne deviennent avec le temps tout ce qu'elles peuvent être, du plus au moins : ainsi il faut se réjouir de celles qui font des progrès, et espérer pour les autres qu'elles en feront ou qu'elles sont capables d'en faire.

Il faut prendre garde à un abus que forme quelquefois la trop grande tendresse de conscience, c'est de se mettre en garde pour empêcher que la conduite ne soit cause que les enfants offensent Dieu, comme, par exemple, ne les point interroger sur un fait parce qu'on craint qu'ils ne mentent; ne leur rien commander, parce qu'on se persuade qu'ils désobéiront. Cette maxime est pernicieuse à l'éducation des enfants. Quoique ce soit l'effet d'une bonne cause, il faut en tout avoir l'esprit droit, et songer qu'il est impossible de tuer un monstre bien caché; ainsi il faut, pour connaître les vices et les inclinations de la jeunesse, remuer leurs passions avec discrétion, leur faire la guerre, et ne pas craindre leurs vices; leur aider à les surmonter dans un âge où le plus grand péché est de laisser croître les inclinations naissantes du péché.

Il faut éviter de donner de la jalousie, mais il faut donner de l'émulation, en louant et récompensant beaucoup celles qui en sont dignes devant celles qui en sont indignes.

Il ne faut jamais excuser les défauts de celles qu'on conduit, en leur présence, quand la supérieure les reprend; c'est une mollesse qui gâte l'éducation et qui fait croire qu'on n'oserait les fâcher, ce qui rend leurs défauts plus hardis et affaiblit l'autorité des maîtresses.

Il ne faut rien promettre aux enfants qu'on ne leur tienne, soit récompense, soit châtiment. Ne les point corriger mollement.

Il faut les accoutumer à trouver bon qu'on les reprenne de leurs défauts et à aimer d'en être averties; il ne faut point souffrir celles qui accuseraient par inclination d'accuser.

Il ne faut pas souffrir qu'on traite de rapporteuses celles qui donnent des avis aux maîtresses, mais il ne faut pas que les maîtresses souffrent qu'on leur dise des riens inutiles à corriger ou propres à altérer l'amitié.

Il ne faut jamais chercher à se faire aimer de la jeunesse que par les moyens qui lui sont utiles.

Il ne faut jamais se décourager dans l'éducation : ce qui ne vient pas tôt peut venir tard, mais il se faut armer de beaucoup de patience.

Il faut se souvenir que ce qu'on ne recueille pas sur la terre dans les soins qu'on prend de bien élever les enfants, on le trouvera immanquablement au ciel, si on les instruit dans la vue de Dieu.

LETTRE A MADAME DE VEILHANT.

(Usage qu'il faut faire des diverses fêtes de l'année, et des sentiments à inspirer aux demoiselles à leur occasion.)

Décembre 1691.

Le zèle avec lequel vous entriez hier dans la pensée que je voulais vous inspirer de conduire toujours vos filles selon l'esprit de l'Église, me donne la confiance de vous écrire sur ce sujet ce qu'il plaira à Dieu de me donner.

Vous savez que l'année chrétienne commence par l'Avent, et vous comprenez mieux que moi, car vous êtes bien mieux instruite, dans quel esprit de préparation il faut qu'elles soient pour recevoir le salut qui vient par Notre-Seigneur Jésus-Christ, combien elles doivent le désirer, le demander, l'attendre, et de combien de vertus elles doivent se parer pour être moins indignes de lui; la joie de le recevoir à Noël, l'humilité pour imiter celle d'un Dieu qui s'anéantit, l'innocence, la simplicité et l'enfance du cœur pour lui être conformes, la bonne volonté à laquelle les anges promettent la paix; l'adoration des rois, à laquelle elles doivent se joindre; avec quelle promptitude ils quittent tout, avec quelle fidélité ils suivent l'étoile, avec quel courage ils s'exposent aux fatigues, avec quelle persévérance ils achèvent leur voyage, avec quel respect ils adorent Jésus dans une crèche, avec quel cœur ils offrent ce qu'ils ont de meilleur, avec quelle sagesse ils retournent dans leur pays par une autre route.

Commencez, à la fête de la Purification, à leur inspirer la dévotion à la sainte Vierge, qui est la reine de tous les chrétiens, mais particulièrement des femmes et des filles. Que n'avez-vous pas à leur dire sur sa pauvreté, sur son humilité, sur son silence, sur son offrande et son esprit de sacrifice, sur son recueillement? C'est encore une autre année à suivre par rapport à elle dans toutes ses fêtes, et qui leur fournira l'exemple de toutes les vertus.

Vous entrerez ensuite dans le carême, dans ce temps de pénitence établi par l'Eglise, dans ce temps de mort à soi-même; mais surtout dans la dernière quinzaine, et encore plus dans la grande semaine, dans la semaine sainte, qu'elles ne s'entretiennent que de la passion de Notre-Seigneur Jésus-Christ; qu'elles en considèrent l'opprobre et la souffrance qu'il a voulu opposer à l'orgueil et à la volupté; qu'elles ressuscitent avec lui, qu'elles deviennent de nouvelles créatures, qu'elles goûtent les choses du ciel et méprisent celles de la terre. Voyez ce que dit saint Paul là-dessus, lisez-leur; qu'elles se l'appliquent, et qu'on voie en elles toutes les marques d'une vraie résurrection.

Qu'elles montent au ciel, en esprit, à l'Ascension, par le mépris et le détachement de la terre; qu'elles attendent le Saint-Esprit qui est la consommation de tous les mystères; qu'elles soient comme les apôtres dans un même lieu, dans un même esprit, si elles veulent le recevoir. Lisez-leur dans ce temps les Actes des apôtres; faites-leur voir que c'est dans cette fête que les grâces se répandent avec abondance, que Jésus-Christ ne rend ses apôtres parfaits que lorsqu'il les a quittés et qu'ils avaient pour sa personne comme un obstacle à leur perfection.

Instruisez-les, pendant l'Octave du saint Sacrement, de la dévotion qu'elles doivent avoir à la sainte Eucharistie et au saint sacrifice de la messe. Combien ont-elles offensé Dieu sur ce point par leurs froideurs, négligences et distractions volontaires, car je n'en crois aucune assez malheureuse pour avoir été jusqu'au sacrilége et à la profanation du sang de Jésus-Christ! Que n'avez-vous point à leur dire sur la manière dont elles doivent le recevoir? En juillet, vous avez une fête de la sainte Vierge; en août, la plus grande de ses fêtes. Vous avez, dans ce même mois, la fête de saint Louis qui doit les remplir des obligations qu'elles ont à leur fondateur, et les porter à lui en témoigner à tout jamais leur reconnaissance, soit qu'il vive encore, ou qu'il ne soit plus au monde : qu'elles prient donc pour celui qui leur a fait apprendre à prier, et qu'elles croient que par cet endroit elles lui doivent plus qu'à leurs propres parents.

En septembre, une fête de la sainte Vierge; en octobre, qu'elles se souviennent de moi le jour de saint François, et qu'elles prient pour celle qui a désiré leur salut avec une grande ardeur. Qu'elles voient dans la fête de tous les saints ce nombre innombrable de personnes de tout âge, de tout sexe, de toutes conditions, qu'elles doivent et peuvent imiter en quelque état qu'il plaise à Dieu de les appeler.

Recommandez-leur fortement, le jour des morts, l'ancien usage de l'Eglise de prier pour les fidèles décédés dans la grâce de Dieu; qu'elles offrent leurs prières, leurs bonnes œuvres et le sacrifice de nos autels, non-seulement pour leurs propres parents, mais encore pour toutes les âmes qui souffrent dans le purgatoire et qui peuvent être secourues par nos prières.

Voilà, Madame, toute leur année saintement diversifiée; ajoutez-y un mot sur chaque saint en particulier dont la fête se présente, et vous verrez que peu à peu, sans vous fatiguer par des instructions recherchées, sans les ennuyer de beaucoup de lectures, sans les accoutumer à une diversité de livres quelquefois dangereuse, vous les instruirez selon l'Eglise, et elles trouveront même dans cette manière, qui leur fournira toujours quelque chose de nouveau, un très saint divertissement.

Instruisez-les de la dévotion qu'elles doivent à leur ange

gardien ; qu'elles le remercient du soin continuel qu'il a de leur âme, qu'elles rendent grâce à Dieu de leur avoir donné un tel guide, un défenseur et un si puissant intercesseur auprès de lui, selon ces paroles du Psalmiste : « Il a ordonné à ses anges d'avoir soin de vous et de vous garder dans toutes vos voies. » Ne dites jamais rien qui ne soit tiré des livres approuvés qui sont dans votre maison, et si vous produisez quelque chose de vous-même, consultez-les avant de l'enseigner : notre ignorance a besoin de cette précaution, et c'est ce qui m'a obligée de faire voir, le plus que j'ai pu, toutes les choses que j'ai écrites pour vous. Mes bonnes intentions ne m'avaient pas empêchée de tomber dans des fautes, et j'en ai fait qu'on a corrigées ; je vous conjure, mes chères filles, de garder la même conduite ; n'écrivez jamais rien que vos supérieurs ne vous l'ordonnent, et ne le montrez que par leur ordre et avec leur approbation.

LETTRE A MADEMOISELLE D'AUBIGNÉ (1).

Chantilly, 11 mai 1693.

Je vous aime trop, ma chère nièce, pour ne pas vous dire tout ce que je crois qui vous pourra être utile, et je manquerais bien à mes obligations si, étant tout occupée des demoiselles de Saint-Cyr, je vous négligeais, vous que je regarde comme ma propre fille. Je ne sais si c'est vous qui leur inspirez la fierté qu'elles ont ou si ce sont elles qui vous donnent celle qu'on admire en vous : quoi qu'il en soit, comptez

(1) Nous appelons l'attention sur cette belle et émouvante lettre qui, à elle seule, révèle le jugement, les vertus réelles et la piété sincère de madame de Maintenon. (*Note des Éditeurs.*)

que vous serez insupportable à Dieu et aux hommes si vous ne devenez plus humble et plus modeste que vous ne l'êtes. Vous prenez un ton d'autorité qui ne vous conviendra jamais, quoi qu'il puisse vous arriver. Vous vous croyez une personne importante, parce que vous êtes nourrie dans une maison où le roi va tous les jours; et le lendemain de ma mort, ni le roi ni tout ce que vous voyez qui vous caresse ne vous regardera pas. Si cela arrive avant que vous soyez mariée, vous épouserez un gentilhomme de campagne fort misérable, car vous ne serez pas riche, et si, pendant ma vie, vous épousez un plus grand seigneur, il ne vous considérera, quand je n'y serai plus, qu'autant que votre humeur lui sera agréable; vous ne pouvez l'être que par votre douceur et vous n'en avez point. Votre mignonne vous aime trop et ne vous voit point comme les autres gens vous voient. Je ne suis point prévenue contre vous, car je vous aime fort, mais je ne vous vois pas sans peine, par l'orgueil qui paraît dans tout ce que vous faites. Vous êtes assurément très désagréable à Dieu; voyez son exemple. Vous savez l'Evangile par cœur; à quoi vous serviront tant d'instructions, si vous vous perdez comme Lucifer? Songez que c'est uniquement la fortune de votre tante qui a fait celle de votre père et la vôtre. Vous souffrez qu'on vous rende des respects qui ne vous sont point dus; vous ne pouvez souffrir qu'on vous dise qu'ils sont par rapport à moi; vous voudriez vous élever même au-dessus de moi, tant vous êtes élevée et altière. Comment accommodez-vous cette enflure de cœur avec cette dévotion dans laquelle on vous élève? Commencez par demander à Dieu l'humilité, le mépris de vous-même, qui, en effet, êtes peu de chose, et l'estime de votre prochain. Je souffrais bien, l'autre jour, de tout ce que vous fîtes à madame de Caylus (1) : vous devez du respect à vos

(1) Fille du marquis de Villette et cousine de madame de Maintenon, qui l'avait élevée et l'appelait sa nièce.

cousines. Je vous parle comme à une grande fille, parce que vous avez l'esprit fort avancé, mais je consentirais de bon cœur que vous en eussiez moins et moins de présomption. S'il y a quelque chose dans ma lettre que vous n'entendiez pas, votre mignonne vous l'expliquera. Je prie Notre-Seigneur de vous changer et que je vous retrouve, à mon retour, modeste, humble, timide, et mettant en pratique tout ce que vous savez de bon; je vous en aimerai beaucoup davantage. Je vous conjure, par toute l'amitié que vous avez pour moi, de travailler sur vous et de prier tous les jours pour obtenir les grâces dont vous avez besoin (1).

INSTRUCTION FAITE A LA CLASSE ROUGE.

(Portrait d'une personne raisonnable.)

1701.

Madame de Maintenon demanda à mademoiselle de Provieuse si elle savait ce que c'était qu'une fille raisonnable. La demoiselle ne sachant pas trop que répondre à cette question, madame de Maintenon lui dit : « Une personne raisonnable, c'est une personne qui fait toujours et à chaque heure du jour ce qu'elle doit faire, commence la journée par adorer Dieu de tout son cœur, non pas seulement

(1) Languet de Gergy, après avoir inséré cette lettre dans ses Mémoires, ajoute : « Mademoiselle d'Aubigné n'avait alors que neuf à dix ans quand sa tante lui donnait des leçons si parfaites et si saintes ; elle en a bien profité. Après les premières années de son mariage qu'elle fut obligée de passer dans le plus grand monde, à cause du rang qu'y tenait la maison de Noailles, elle s'en détacha entièrement ; elle ne venait plus à la cour ; elle passait chaque année des temps considérables dans la retraite; enfin, elle est morte saintement, en 1740, qui est l'année où j'ai commencé ces Mémoires. » (T. I, p. 417.)

parce qu'on lui a dit de le faire, ou parce que les autres le font, mais qui pense tout de bon à s'offrir à Dieu et tout ce qu'elle sera pendant le jour. Elle se lève promptement, s'habille avec diligence, modestie, et le plus proprement qu'elle peut; fait bien son lit, arrange bien ses hardes, aide aux plus petites si elle a du temps de reste. Elle descend à la classe, y prie Dieu avec respect et avec dévotion, sans badiner, sans rire, car rien n'est plus sérieux que de prier Dieu. Après cela elle déjeune aussi de tout son cœur; s'il est permis de parler, elle le fait, sinon elle garde le silence et s'entretient avec Dieu. Elle va au chœur pour entendre la messe, elle pense à se bien placer, elle regarde si ses compagnes ont de la place, elle se met vis-à-vis d'elles, elle ne regarde point de tous côtés pour voir ceux qui entrent ou qui sortent; elle s'applique aux parties de la messe avec tout le respect et la dévotion dont elle est capable, parce que de toutes les choses de la religion, c'est la plus sainte. Elle retourne à la classe, où elle s'occupe à ce qui est marqué; si elle est capable de montrer aux autres, elle s'y donne tout entière, comme si sa vie en dépendait; elle écoute avec attention et respect, tâche de comprendre ce que l'on dit et d'en tirer quelque profit pour sa conduite intérieure ou extérieure, selon la matière dont on parle. Avant d'aller dîner, elle fait son examen particulier, pour voir en quoi elle peut avoir déplu à Dieu dans la matinée, pour lui en demander pardon, et prendre résolution de mieux faire le reste du jour; elle regarde surtout si elle n'est tombée en rien dans le principal défaut dont elle a entrepris de se défaire. Voilà notre personne raisonnable au réfectoire; qu'y fait-elle? elle y mange de bon appétit; point en gourmande, la tête sur son assiette, mais de bonne grâce et proprement, et puisque Dieu a bien voulu qu'on trouvât du plaisir dans le manger, elle le prend sans scrupule et avec simplicité.

Elle écoute la lecture avec encore plus de plaisir, et c'est sa principale attention; elle fait la récréation d'aussi bon cœur que le reste, y apporte la joie, saute, danse, et joue volontiers à tout ce que les autres désirent; elle pense à les réjouir, car cette personne raisonnable fait bien tout ce qu'elle fait, et il ne serait pas raisonnable d'être sérieuse à la récréation, et de n'y vouloir jamais parler que de choses graves ou de dévotion. Elle écoute ensuite la lecture ou l'instruction, tâche de la retenir, et demande ce qu'elle n'entend pas; elle apporte la même application aux exercices de l'après-midi qu'elle a fait à ceux du matin; elle travaille de son mieux, elle ne perd pas un moment de temps, elle chante avec les autres, et est ravie de chanter les louanges de Dieu; elle écoute le catéchisme sans ennui, tâchant de s'en bien instruire. Elle va souper comme elle a dîné, et ensuite à la récréation, où il faut encore bien sauter, se promener, jouer et rire, car cette personne est fort gaie. Elle fait la prière et l'examen, et s'ira coucher parfaitement contente de sa journée. »

Ensuite madame de Maintenon, s'adressant à ces jeunes demoiselles, leur dit : « Ne trouvez-vous pas tout cela bien raisonnable? et ne l'est-il pas en effet d'adorer Dieu, de l'aimer et d'apprendre à le servir? C'est pour cela seul que nous sommes au monde; c'est la première chose qu'on nous apprend dans notre catéchisme, parce que c'est la plus importante et la plus nécessaire, et ce que vous devez faire toute votre vie. N'est-il pas encore bien raisonnable que des jeunes personnes apprennent à lire, à travailler, et toutes les autres choses qu'on vous montre ici? Vous serez bien aises, quand vous retournerez dans le monde, de savoir faire quelque chose, ou pour votre ménage, ou pour vous personnellement, ou pour vos parents, suivant les occasions. Il est aussi très raisonnable que vous vous réjouissiez; vous en avez bien des sujets, mes chères enfants : vous êtes chrétiennes, quel bonheur! que de gens qui ne le sont pas, et qui ne le seront jamais! vous êtes ici dans une bonne maison, à l'abri de toutes sortes de maux corporels et spirituels ; vous êtes jeunes et gaies ; réjouissez-vous donc, cela est de votre âge ; je prie Dieu, mes enfants, que vous en ayez toute votre vie autant de sujet que vous en avez présentement. »

» Notre première maîtresse, dit mademoiselle de Saint-Bazile, nous parle presque continuellement de raison, et nous dit souvent que, si c'était une marchandise qu'on pût acheter, elle en ferait bonne provision pour nous en donner à toutes. — C'est en effet une excellente marchandise, dit madame de Maintenon; c'est elle qui apprend à s'accommoder de tout, à vivre avec toutes sortes de personnes, et à savoir se passer de celles qui nous plaisent davantage. »

Madame de Gruel dit qu'une demoiselle sortie d'ici n'avait pu durer avec les gens avec qui elle était, parce qu'ils n'avaient pas une piété assez droite. « Sa piété elle-même n'était pas droite, repartit madame de Maintenon; elle en savait la définition, mais elle ne la pratiquait pas, puisqu'elle consiste à s'accommoder à son état et aux personnes avec qui on vit. Une personne bien raisonnable sait supporter bien patiemment ceux qui ne le sont pas, sans même leur laisser apercevoir qu'elle les supporte; elle fait son compte en elle-même d'en rencontrer partout où elle va, de sorte que rien ne la surprend ni ne la fâche. Je vous assure, mes chères enfants, que sans être prophétesse, je vous prédis que vous aurez beaucoup à souffrir. Dieu a disposé les choses de telle manière qu'il y a des peines dans tous les états ; et cependant on aime la vie, quoiqu'elle soit remplie d'afflictions et de disgrâces. Que serait-ce si Dieu y avait mis beaucoup de plaisirs? On ne pourrait se résoudre à la quitter; on ne penserait point à cette vie éternelle qui est le fondement de notre espérance. Comptez donc, mes enfants, que vous aurez partout de la contrainte, soit que vous vous fassiez religieuses, ou que vous retourniez dans le monde. Vous passez ici une vie douce et tranquille, et vous ne savez presque ce que c'est que la peine ; vous le sentirez un jour.

» Vous croyez peut-être que quand vous serez de grandes personnes vous n'aurez plus de règles à garder, et je réponds à cela que si vous êtes aussi raisonnables que j'espère que vous le serez, vous saurez bien vous faire vous-mêmes une règle de journée que vous suivrez fidèlement, au cas qu'il n'y en ait pas dans l'endroit où vous serez. C'est assez pour l'ordinaire d'avoir sa liberté pour ne savoir qu'en faire. »

INSTRUCTION AUX DEMOISELLES DE LA CLASSE JAUNE.

(Sur la civilité.)

1702.

Madame de Maintenon ayant eu la bonté de demander aux demoiselles sur quel sujet elles voulaient qu'elle leur parlât, mademoiselle de Bouloc la supplia de les instruire sur la civilité. Elle leur dit que la civilité consistait plus dans les actions que dans les paroles et les compliments; qu'il n'y avait sur cela qu'une règle à leur donner : « C'est l'Evangile, dit-elle, qui s'accommode fort bien avec les devoirs de la vie civile. Vous savez que Notre-Seigneur dit qu'il ne faut pas faire aux autres ce que nous ne voudrions pas que l'on nous fît; voilà notre grande règle, qui n'exclut pas celle des bienséances en usage dans les pays où l'on se trouve. Pour ce qui regarde la société, je ferais consister la civilité à s'oublier soi-même pour s'occuper de ce qui convient aux autres, à faire attention à tout ce qui peut les accommoder ou incommoder, pour faire l'un et éviter l'autre; à ne jamais parler de soi, à ne se point faire écouter trop longtemps, à beaucoup écouter les autres, à ne point faire tomber la conversation sur soi ou selon son goût, mais la laisser tourner naturellement selon celui des autres; à s'éloigner quand on voit des personnes parler bas, à remercier pour le moindre service, à plus forte raison pour un grand. Vous ne pouvez mieux faire, mes enfants, que de vous exercer à toutes ces bonnes manières entre vous, et d'en prendre tellement l'habitude qu'elles vous deviennent comme naturelles. Je vous assure que ces attentions et ces égards continuels que l'on a pour les autres rendent bien aimables dans la société, et ne coûtent guère aux personnes bien nées ou bien élevées; vous avez pour la plupart ces deux avantages, mettez-les donc à profit, et vous serez bien dédommagées des premières contraintes qu'il faudra vous faire d'abord par l'estime et l'amitié que ces manières pleines de déférence vous attireront. Croyez-moi, mes chères enfants, attachez-vous à être vraiment polies, et vous paraîtrez parfaites, en attendant que vous le soyez véritablement; car une personne polie ne montre jamais que de la douceur, sait réprimer son humeur de façon que l'on ne s'aperçoit ni de sa hauteur ni de ses fantaisies et bizarreries si elle en a. Si vous voyiez les personnes du monde qui savent vivre, même les plus mondaines et les moins pieuses, vous les croiriez d'une vertu et d'une humilité parfaite; il semble, à les entendre et à les voir, qu'elles se comptent pour rien, et qu'elles font un cas infini des personnes à qui elles parlent, pendant que souvent elles ont au fond du cœur un souverain mépris pour elles. Je vous voudrais ces bonnes manières extérieures, mes enfants, et qu'étant aussi bien instruites que vous l'êtes, vous y ajoutassiez les sentiments intérieurs de charité et d'estime du prochain et de bas sentiment de vous-mêmes, comme l'Evangile vous l'ordonne. N'est-il pas honteux pour nous que le seul usage du monde fasse faire extérieurement par orgueil et par vanité les mêmes choses que notre religion nous demande, en y ajoutant seulement des dispositions chrétiennes qui nous rendraient méritoire pour le ciel l'attention à ne rien faire qui déplaise à notre prochain, et que nous ne puissions pas gagner cela sur nous? »

INSTRUCTION AUX DEMOISELLES DE LA CLASSE VERTE.

(Sur l'éducation et sur l'avantage d'être élevé un peu durement.)

Mars 1703.

« Je vous assure, mes chères enfants, que vous serez bien coupables devant Dieu si vous ne profitez point des peines que l'on prend sans cesse pour vous rendre les plus parfaites qu'il soit possible selon Dieu, et même selon le monde. J'entends ici par le monde les personnes pieuses, raisonnables et polies qui y demeurent, car pour les libertins et ceux qui n'ont point d'honneur ou de religion, ce vous sera une gloire de n'être pas de leur goût, à cause de votre différente manière de penser et d'agir.

» Puisque me voici en train de vous parler, je vais vous dire encore plusieurs choses que je réservais pour les grandes, mais qui vous seront aussi bonnes. Au nom de Dieu, mes chères enfants, ne soyez pas fières ni hautes, ne comptez pour rien votre noblesse, n'en parlez jamais. A quoi vous servirait-elle si vous n'aviez point de vertu? n'est-ce pas elle qui fait la vraie noblesse? la vertu n'est-elle pas son origine? Ayez des égards pour tout le monde, et même du respect pour les personnes d'un certain âge ou d'un certain état, quand bien même elles n'auraient point de naissance; le monde est plein de ces sortes de personnes, et vous verrez, quand vous y serez, que l'on a avec elles les meilleures manières. Mettez-vous bien dans l'esprit, une fois pour toutes, que la noblesse n'est rien sans mérite, et que c'est au mérite que l'on doit l'honneur, l'estime et le respect, en qui que ce soit qu'il se trouve. Par exemple, d'Andrieux, quelle aimeriez-vous mieux, d'une demoiselle élevée dans son village, grossière, rustaude, maussade et ignorante, faute d'éducation, ou d'une fille de ces bonnes maisons bourgeoises de Paris sans naissance, mais qui, ayant du bien, a été bien élevée et est de bonne humeur, douce, polie, gracieuse? — C'est cette dernière, dit la demoiselle. — Je suis bien de votre avis, reprit madame de Maintenon. L'éducation est le plus grand bien que vous puissiez avoir, surtout n'ayant pas de fortune.

» Je vous exhorte aussi à n'être point délicates, et à contribuer de vous-mêmes, par votre propre volonté, à vous élever un peu durement. Soyez bien aises quand vous trouvez l'occasion de faire quelques ouvrages un peu grossiers cela vous fortifie, et vous est très bon; vous savez que le Saint-Esprit loue la femme forte de ce qu'elle a roidi ses bras pour le travail, c'est-à-dire qu'elle a surmonté sa faiblesse et sa délicatesse naturelle pour s'adonner aux soins de son ménage.

» Ne vous plaignez de rien, vous êtes très honnêtement traitées pour toutes choses. Nous avons tâché, dans tout ce qui a été réglé pour vous, de prendre le milieu, en telle sorte que celles qui retomberont dans la misère ne tombent pas de si haut, ce qui les rendrait doublement malheureuses; pour celles qui seront à leur aise, elles ne s'en trouveront que mieux d'avoir été élevées un peu durement. Je vois cela tous les jours en madame la marquise de Dangeau, qui est une princesse d'Allemagne qui, ayant douze sœurs et plusieurs frères, n'a pas eu dans sa jeunesse toutes les commodités convenables à sa naissance. Avec cet air mignon et délicat que vous lui voyez, rien ne l'incommode, et je ne connais personne qui s'avise moins qu'elle de prendre ses aises. Elle est fort infirme; mais parce qu'elle a été élevée fort durement, elle s'accommode de mille choses que nous ne pourrions supporter. J'ai connu une vieille personne (c'était madame la duchesse de Richelieu) : elle avait tellement l'habitude d'une contenance ferme, sans se permettre la moindre posture commode, qu'elle ne s'appuyait jamais, quelque malade qu'elle fût, et le plus qu'elle faisait était de se pencher un peu les bras; alors on disait : Madame la duchesse, vous n'en pouvez plus.

» Pourquoi, mes enfants, croyez-vous que je vous dise tout cela? C'est pour votre bien, afin de vous encourager à prendre l'habitude de vous contraindre, et de vous accoutumer à ne pas chercher ses aises; c'est un vrai moyen d'adoucir un peu la mauvaise fortune qui vous attend peut-être; et quand vous devriez avoir chacune trente mille livres de rente, je vous dirais encore les mêmes choses; car en quelque état que vous vous trouviez, il vous sera très avantageux d'avoir été élevées un peu durement. Adieu, mes enfants; je ne me repentirai pas de vous avoir tant parlé, si vous pratiquez aussi bien ce que je vous ai dit que je vois que vous le retiendrez. »

INSTRUCTION AUX PETITES DEMOISELLES

QUI AVAIENT FAIT CE JOUR-LA LEUR PREMIÈRE COMMUNION.

Juin 1703.

« Je voulais, mes chères enfants, vous envoyer chercher hier, mais je n'en ai pas eu le temps ; je vous prends aujourd'hui pour vous congratuler du bonheur que vous avez eu de communier ce matin, et voir si vous comprenez bien la grandeur de l'action que vous venez de faire. » Et s'adressant à mademoiselle de Villers : « Savez-vous, ma fille, lui dit-elle, ce que vous venez de recevoir en communiant ? » Elle répondit que c'était Notre-Seigneur. « Oui, lui dit madame de Maintenon, c'est son corps, son sang, son âme et sa divinité. C'est une grâce au-dessus de tous les mérites imaginables ; ni les saints, ni les anges n'en sont pas dignes, et cependant Notre-Seigneur Jésus-Christ veut bien s'abaisser jusqu'à cet excès de bonté de se donner à nous d'une manière si intime ; nous ne pouvons assez lui témoigner notre reconnaissance. Voilà que vous avez fait pour la première fois cette grande action ; on a pris tous les soins possibles pour vous y bien préparer; mais comptez, mes enfants, qu'il faudra toute votre vie y apporter les mêmes dispositions, autant de désirs, d'amour et de ferveur que vous en avez eu en cette première fois ; et plus vos communions seront fréquentes, plus il faut que toutes ces saintes dispositions croissent en vous. Souvenez-vous, mes chères enfants, de ne vous jamais familiariser avec les sacrements, et de n'en approcher jamais, la centième et la millième fois, qu'avec un tremblement et le même respect que vous venez de faire.

» Vous ne devez plus vous regarder comme des enfants

depuis que vous avez communié; votre conduite doit être à présent toute pieuse et raisonnable; vous devez avoir grand soin de tenir votre conscience pure, et exempte de tous péchés volontaires, quelque petits qu'ils puissent être. Que vous serez heureuses, mes chères enfants, à l'heure de votre mort, et même dans tout le cours de votre vie, si, à commencer dès aujourd'hui, votre conscience vous rend le témoignage que depuis votre première communion vous n'avez fait que des fautes d'inadvertance, et pas une de volontaire; vous paraîtriez devant Dieu avec une grande confiance, et vous auriez sujet d'en être bien reçues.

» Il y a trois choses que j'ai toujours désirées dans les filles de Saint-Cyr, et que je vous recommande d'une manière particulière, persuadée que vous y ferez une grande attention en un jour comme celui-ci : c'est l'horreur du péché, la présence de Dieu et la docilité. Qu'entendez-vous par l'horreur du péché, Parthenay? — C'est, dit la demoiselle, avoir pour le péché plus que de la haine. — Fort bien, dit madame de Maintenon; il est sûr que d'avoir quelque chose en horreur est encore plus que de le haïr. Que fait-on ordinairement pour les choses que l'on a en horreur? — On les fuit de toutes ses forces. — Oui, dit madame de Maintenon, et voilà ce que nous devons faire à l'égard de tout ce qui est péché. Mes enfants, haïssez-le et l'ayez en horreur toute votre vie. Je me souviens que quand madame la duchesse de Bourgogne, qui était à peu près de votre âge, vint en France, elle paraissait être indifférente pour toutes sortes de plaisirs, et elle était de même pour les richesses et pour les honneurs dont il ne semblait pas qu'elle se souciât; mais quand je lui disais : Il y aura du péché si vous faites cela, elle reprenait avec une grande vivacité : Il y aura du péché? voilà qui est fait, je ne le ferai point; et j'avais le plaisir de lui voir toujours le même mouvement de vivacité, toutes les fois que je la faisais apercevoir qu'il pourrait y avoir du péché à quelque chose; et quelque envie qu'elle eût de le vouloir faire, elle s'arrêtait tout court. Voilà comme je vous désire, mes enfants, et que vous ajoutiez à cette heureuse disposition la présence de Dieu, qui vous entretiendra infailliblement dans cette horreur du péché que je vous recommande.

» Monfalcon, savez-vous ce que c'est que la pratique de la personne de Dieu? — Madame, dit la petite demoiselle, c'est de penser toujours à lui. — Nous serions infiniment heureuses, répondit madame de Maintenon, si nous pouvions avoir le bonheur de penser toujours à Dieu sans aucune distraction, mais je ne vous en demande pas encore tant; cela pourra venir dans la suite; commencez seulement par offrir à Dieu tous les matins tout ce que vous ferez dans la journée, élevez votre cœur vers lui de temps en temps, par exemple quand l'horloge sonne; et si l'occasion se présente de faire quelque chose qui déplaise à Dieu, abstenez-vous-en en disant en vous-mêmes : Dieu me voit, cela me suffit pour ne le jamais faire. S'il vous arrive quelque bonheur ou quelque peine, recevez l'un et l'autre comme de la main de Dieu, lui rendant grâce de ce qui vous fait plaisir et vous soumettant humblement à ce qui vous fait de la peine, sans murmurer, sachant qu'il ne nous peut jamais rien arriver contre son ordre ou sans sa permission. Par exemple, c'est lui qui permet que je vous parle à présent; c'est lui qui vous a conduites ici pour vous faire instruire de votre religion, afin que vous soyez de bonnes chrétiennes; c'est lui qui ordonne tous les événements de la vie des hommes, et qui veut qu'ils en fassent un bon usage, de quelque nature qu'ils soient. Vous voyez bien que cette pratique n'est pas seulement pour le temps que vous avez à rester ici, mais que c'est pour toute la suite de votre vie que je vous la recommande, et vous devez l'observer jusqu'au milieu du monde, et même du grand monde, si vous y êtes engagées. Vous trouverez peut-être étrange que je vous parle de la présence de Dieu à votre âge; je vous assure, mes chères enfants, que vous ne pouvez commencer de trop bonne heure à vous accoutumer à regarder Dieu en tout, et à reconnaître sa main qui agit sur nous dans tous les différents événements de cette vie.

» La troisième qualité que je souhaite à mes filles, c'est la docilité; je voudrais bien savoir ce que vous entendez par la docilité. — C'est, répondit mademoiselle de Moléon, de bien obéir aux maîtresses. — Non-seulement aux maîtresses, dit madame de Maintenon, mais encore plus à votre confesseur. Rien n'est d'un meilleur augure pour l'avenir que cette docilité à se laisser conduire, à embrasser le bien qui nous est recommandé ou inspiré. Et ne croyez pas que ce soit une vertu d'enfant; cette docilité convient à tout âge, et je suis persuadée que c'est ce que Notre-Seigneur recommandait à ses apôtres lorsqu'il leur disait : Si vous ne devenez comme des enfants, vous n'entrerez point dans le royaume de Dieu. Ayez donc l'esprit et le cœur dociles à présent, et conservez cette docilité jusqu'à la mort. Adieu, mes enfants, n'oubliez jamais la grande action que vous venez de faire aujourd'hui, et songez à mettre en pratique ma petite instruction; je vous reverrai dans quelque temps pour voir si vous l'avez bien retenue. »

ENTRETIEN AVEC LA CLASSE VERTE.

(Sur le bon esprit.)

1703.

Le 5 juillet, Madame, ayant la bonté de nous faire l'instruction, nous dit d'abord qu'elle allait nous parler du bon esprit que nous avions tant d'envie de connaître, et, s'adressant à une demoiselle, elle lui demanda ce qu'elle en pensait. Elle répondit que le bon esprit était de s'accommoder à tout. — « Votre définition est bonne et courte, dit Madame. Il est vrai que le bon esprit, la sagesse et la raison se ressemblent fort; ces trois choses apprennent à s'accommoder aux temps, aux lieux et aux personnes avec qui l'on vit. Par exemple, quoique la règle de Saint-Cyr ne soit pas d'usage partout, vous devez pourtant faire votre capital de l'observer tant que vous y êtes, et d'entrer dans les intentions des personnes qui gouvernent la maison. Il y a un article sur lequel j'ai parlé cent fois inutilement : c'est sur vos coiffures, que je ne trouve point assez modestes; vous montrez trop de cheveux pour les petits bonnets que vous avez; vous les reculez trop, cela convient mal au reste de votre habillement, et ne vous sied point. Vous seriez beaucoup mieux comme nous vous voulons. Vous pouvez même vous souvenir que quand j'ai voulu vous faire paraître devant quelques personnes extraordinaires pour les représentations, j'ai toujours eu soin de recommander qu'on vous coiffât simplement, que vos bonnets fussent approchés, qu'on ne vous tirât guère de cheveux. S'il était vrai que vous fussiez mieux autrement, je ne me serais pas donné cette peine; mais quand même vous seriez plus jolies de la manière que vous vous mettez, si vous étiez raisonnables et que vous eussiez un bon esprit, n'aimeriez-vous pas beaucoup mieux faire ce qu'on veut de vous et être un peu plus mal mises? Il faut, mes enfants, vous mettre au-dessus de toutes ces petitesses, et comme j'ai dit dans un de vos proverbes, de ces faiblesses de notre sexe, et ne pas faire comme quelques-unes qui se frisaient la nuit pour faire croire qu'elles l'étaient naturellement. Votre habit n'est pas fait pour être relevé; il faut que vos troussures soient simples et que tout respire en vous la modestie et l'envie de contenter les personnes qui vous conduisent. Il faut aussi savoir prendre sur soi pour s'accommoder aux personnes avec qui l'on se trouve; c'est par là que vous vous ferez aimer et estimer. Il n'y a rien de si aimable qu'un esprit accommodant; c'est ce qu'on appelle un bon esprit. »

Puis, s'adressant à une demoiselle, Madame lui demanda lequel était le plus aisé de prendre sur soi ou sur les autres. Elle répondit que c'était de prendre sur soi. « Vous avez raison, dit Madame. Il me paraît bien plus juste et plus à propos de s'incommoder que d'incommoder les autres; il faut, au contraire, être toujours occupé des autres pour éviter de leur causer de l'incommodité. Madame la duchesse de Bourgogne a entrepris un ouvrage depuis quelque temps; elle a fait venir pour cela une brodeuse qui passa hier tout le jour chez moi sans qu'on pensât à lui donner à dîner. Je m'informai vers les deux heures si elle avait mangé, elle me dit que non; je la fis dîner et souper, car personne n'y pensait. Le roi, qui est d'une attention merveilleuse, reprit très fort madame la duchesse de Bourgogne. Elle en voulait rire; mais il lui dit qu'il ne pouvait plaisanter d'une chose pareille. Si ce manque d'attention est pardonnable à une jeune princesse de seize ans, vous voyez que nous nous servons de tout pour vous instruire, et il faut encore que je vous conte l'histoire de cette brodeuse. Elle a été gouvernante de feu Mademoiselle, qui lui laissa si peu de chose en mourant, qu'elle n'avait pas de quoi nourrir sept enfants qu'elle avait, étant presque en même temps devenue veuve, et n'ayant aucune ressource. Elle se mit à travailler, apprit la broderie, la tapisserie, et, par ce moyen, a fait subsister sa famille. Cela revient bien à notre proverbe : *Tant vaut l'homme, tant vaut la terre.* Dès que je la vis, je me souvins de l'avoir bien connue autrefois. C'est une femme de qualité, jolie et bien faite de sa personne. N'êtes-vous pas charmées de cet exemple? Pour moi, je le trouve admirable; il confond bien des gens qui passent leur vie à se plaindre sans sortir de la misère, parce qu'ils ne veulent se donner aucune peine.

» J'espère que vous profiterez des instructions qu'on vous fait ; car, quelque mauvais que soit un naturel, il ne peut s'empêcher de voir la vérité qui lui est montrée, et il est presque impossible de résister à la raison, qui est toujours la même. Pour moi, tant que je vous verrai, je ne vous parlerai que de raison, et cela parce qu'il y a des personnes qui, tout en l'aimant, manquent d'expérience pour la bien connaître, et qui, dès qu'on vient à la développer, sont ravies de voir clairement ce qu'elles ne faisaient qu'entrevoir. »

LETTRE AUX PREMIÈRES MAITRESSES.

4 mars 1704.

Le zèle que j'ai pour votre institut et le besoin que je vois souvent dans les classes m'avaient fait penser à vous assembler aujourd'hui; mais j'ai pensé que vous retiendrez peut-être mieux ce que je vous écrirais que ce que je vous dirais.

Je voulais vous conjurer encore de ne vous pas donner aux classes d'une manière superficielle, et de ne pas croire que vous avez rempli votre devoir quand vos filles se sont levées en silence, qu'elles ont fait leur prière, qu'elles ont passé les corridors sans bruit et que toute la communauté en est édifiée; qu'elles ont été à la messe, et s'y sont arrangées comme on le désire; qu'elles ont lu, écrit, appris le catéchisme, assisté à vos instructions sans faire de bruit; que vous avez travaillé dans une profonde paix, dans la présence de Dieu, et avec plus de recueillement que dans toute autre charge; que vous ne trouvez rien dans votre examen et que vous vous couchez contente de vous.

Non, mes chères filles, ce n'est pas ainsi que vos jours doivent être remplis, et il n'y a rien là qui puisse vous faire connaître le cœur des personnes dont vous êtes chargées.

S'il n'y a point de péchés de commission dans votre examen, il y a bien des omissions, et vous n'avez point rempli vos obligations.

Je voudrais qu'en éveillant vos filles, vous dissiez à quelqu'une un mot capable de l'exciter à la piété; qu'à la prière vous regardassiez si elles y ont de l'attention, afin de leur parler là-dessus dans les temps que vous aurez; qu'à la messe vous ouvrissiez les yeux quelques moments pour regarder celles que vous pouvez voir, et qu'avec un crayon vous marquassiez les moins sages; que pendant les exercices, vous vous occupassiez de veiller sur toutes les personnes qui travaillent avec vous, pour voir si elles le font de bonne foi; que, si elles y manquent, vous les reprissiez avec douceur plusieurs fois; que si elles continuent, vous le marquassiez sur vos tablettes pour en avertir celles qui les conduisent.

Que vous fussiez accessible aux plaintes qu'on aurait à vous faire de vos filles ; que vous jetassiez les yeux sur toutes pour voir si elles s'occupent de bonne foi ; que vous en missiez une en pénitence ; que vous allassiez en reprendre une autre devant sa bande, afin de profiter à toutes ; que vous parlassiez en particulier à quelqu'une ; qu'un jour vous prissiez en particulier vos chefs, un autre jour les aides, un autre jour les suppléantes, un jour les meilleures filles, un autre les plus mauvaises.

Que vos instructions publiques fussent vives et courtes, n'accoutumant jamais vos filles à ne vous point écouter.

Ne point passer de jour sans avoir donné une bonne maxime à votre classe.

Ne vous point coucher sans avoir attaqué quelque vice et fait aimer quelque vertu.

Vous n'aurez guère filé, vous aurez beaucoup parlé ; mais c'est votre état : vous aurez travaillé pour Dieu. Il viendra un autre temps où vous passerez les jours en silence et dans une paix plus sensible.

Cependant, mes chères filles, la véritable et solide paix est de servir Dieu comme il veut être servi ; ces moyens vous feront connaître vos filles et vous mettront en état de les reprendre selon leurs besoins. Tout cela doit se faire sans agitation, mais sans relâche.

Les maîtresses subalternes doivent travailler conjointement avec vous dans le même esprit, et semer continuellement ; reprendre toutes les fautes avec douceur et force ; ne se plaindre à la première qu'après plusieurs rechutes dans la même faute, et marquer celles dont elles ont à parler, de peur de l'oublier ; dire simplement : Une telle ne se corrige point d'un tel défaut, sans conter le détail de la faute, le reste faisant perdre du temps à celle qui parle et à celle qui écoute.

Dieu veuille vous enseigner lui-même.

ENTRETIEN AVEC LES DAMES

DE SAINT-LOUIS.

(Se renouveler souvent dans la vigilance à l'égard des demoiselles.)

Juin 1704.

Un jour de la fête du saint Sacrement, Madame dit à la récréation : « Faisant ce matin réflexion sur les austérités que plusieurs de vous voudraient faire et qui ne sont pas en usage dans votre maison comme en d'autres communautés, j'ai trouvé que c'en était une bonne que cette vigilance continuelle et sans relâche qu'il faut avoir sur les demoiselles; je la crois même plus difficile, parce qu'elle est de tous les jours, et que naturellement nous aimons le changement. Il est bien aisé de se relâcher sur ce point, qui est pourtant très important, si on a soin de s'y renouveler souvent. Il faudrait le faire dans les retraites, aux grandes fêtes, dans les temps de dévotion, dans les examens, et se demander à soi-même : Ne me suis-je point relâchée sur la veille des demoiselles pendant cette année, ce mois, cette semaine, aujourd'hui? ai-je pris garde d'assez près à leur conduite dans cette occasion? leur ai-je dit ce qui convenait dans cette autre? ai-je empêché qu'elles ne liassent une conversation? ou bien ai-je regardé ce que faisaient telles et telles ensemble? à ce qu'elles écrivaient? Quand je suis à leurs bandes, pensé-je à leur être utile, prévois-je quelquefois ce que je leur dirai? ne me suis-je point trop reposée sur une sœur ou une noire à qui je les ai confiées? Ce renouvellement est d'autant plus nécessaire à faire à présent, que vos demoiselles paraissent plus portées au bien et plus dociles que jamais. Vous pouviez penser qu'il y aurait moins de nécessité à les suivre de si près; mais soyez persuadées que c'est à cause que vous êtes si exactes à les veiller qu'elles sont si aisées à conduire, et qu'aussitôt que vous cesserez de les observer, elles deviendront libertines. Il ne paraîtra pas d'abord grand changement à l'extérieur; elles vous charmeront peut-être même par leur conduite, et vous serez tout étonnées qu'un beau matin vous découvrirez dans le plus grand nombre un mauvais esprit, point de piété et un si grand relâchement, que vous aurez toutes les peines du monde à en venir à bout, et à rétablir parmi elles cette droiture, cette simplicité, cette docilité et cette innocence de vie si aimable. Le moyen d'éviter les petits désordres qui pourraient arriver dans vos classes, je vous le redis encore, c'est cette vigilance sans relâche, dans les temps mêmes qu'elle vous paraît le moins nécessaire. »

INSTRUCTION AUX DEMOISELLES DE LA CLASSE VERTE.

(De la reconnaissance.)

Juin 1704.

Madame de Maintenon, étant à la classe verte, demanda aux demoiselles sur quoi elles voulaient qu'on leur parlât; mademoiselle d'Escoublant lui proposa la reconnaissance; plusieurs furent du même avis. Madame de Maintenon dit à mademoiselle de Ségonzac d'opiner du bonnet, lui demandant si elle savait ce que c'était. — Elle répondit que c'était d'être du même sentiment que ceux qui donnent leur avis avec nous sur quelque chose. « Oui, dit madame de Maintenon, et par exemple quand les juges sont assemblés pour terminer quelque affaire, et que le rapporteur a explique le fait en question, chacun dit son sentiment, et quand les premiers ont parlé, si les autres sont de même, ils ne font qu'ôter leur bonnet pour marquer qu'ils sont de même avis que les autres; cela s'appelle opiner du bonnet, parce que c'est en effet un bonnet qu'ils ont quand ils jugent. — Mais savez-vous, ajouta-t-elle, ce que c'est qu'opiner? » Une demoiselle répondit qu'elle croyait que ce mot venait d'opinion, et qu'opiner, c'était prendre l'avis ou le sentiment de ceux qui doivent délibérer sur quelque chose. Madame de Maintenon approuva cette réponse et dit agréablement : « Nous avons déjà appris aujourd'hui ce que c'est qu'opiner du bonnet : passons à la reconnaissance. Solare, qu'en pensez-vous? — C'est, dit-elle, faire tout son possible pour plaire aux personnes qui vous ont fait du bien. — Non-seulement vouloir leur plaire, répondit madame de Maintenon, mais se souvenir du bien qu'elles nous ont fait et le témoigner dans les occasions qui s'en présentent. Et l'ingratitude, la connaissez-vous? » La demoiselle dit que c'était tout le contraire. « Il est vrai, dit madame de Maintenon, c'est oublier les bienfaits qu'on a reçus. Savez-vous pour qui vous devez avoir de la reconnaissance? C'est premièrement pour Dieu, et puis pour les personnes qui vous font du bien; par exemple, devez-vous avoir de la reconnaissance pour l'instruction que je vous fais à présent? » La demoiselle fut embarrassée : elle en sentait beaucoup pour madame de Maintenon, et elle voyait qu'elle en devait avoir encore plus pour Dieu; elle ne savait que dire. « N'en doutez point, lui dit madame de

Maintenon; c'est principalement pour Dieu qu'il en faut avoir; c'est lui qui a permis que je vinsse ici plutôt qu'ailleurs; c'est lui qui m'inspire de vous parler, et qui fait que l'on vous dit des choses convenables. Mais pensez-vous qu'il soit indigne de Dieu de se mêler de si petites choses, et croyez-vous en effet qu'il s'en mêle? — Oui, Madame, dit mademoiselle de Merbouton. — Assurément, reprit-elle; il vous les rend profitables et utiles. Y a-t-il rien dans l'Evangile qui marque que Dieu ordonne et permet tout? » Mademoiselle de Cateuil répondit que notre Seigneur Jésus-Christ dit qu'il ne tombe pas un seul cheveu de notre tête sans son ordre. « S'il ne tombe pas un seul cheveu de notre tête sans son ordre, reprit gaiement madame de Maintenon, combien plus se mêlera-t-il de mon instruction, car ne vaut-elle pas mieux qu'un cheveu? »

Puis elle demanda à mademoiselle de Morangle si elle pouvait avoir de la reconnaissance pour une personne qu'elle n'aimerait pas. Elle répondit que cela était difficile, mais qu'il faudrait se contraindre. « Laissons la reconnaissance, ajouta-t-elle, pour un moment; dites-moi tout simplement si vous pourriez aimer une personne pour qui vous n'auriez pas d'estime. » Elle répondit que non. « Il est vrai, dit madame de Maintenon, qu'il n'est pas possible d'aimer d'une vraie amitié une personne qu'on n'estime point, parce que la vraie et solide amitié est fondée sur l'estime, et l'estime sur le mérite. Revenons à la reconnaissance. Il faut rapporter à Dieu tout le bien qu'on nous fait, mais il ne faut pas se faire de cela un mauvais prétexte pour être ingrates à l'égard des personnes de qui Dieu s'est servi pour nous faire du bien; ce serait un très mauvais raisonnement de dire : C'est pour Dieu que je dois avoir de la reconnaissance, je ne dois rien aux créatures. Il veut qu'on leur doive après lui tout le bien qu'il nous fait par elles. Il y a des personnes de si mauvais cœur, qu'elles voudraient n'avoir obligation à qui que ce soit; j'en ai connu une qui disait : Je voudrais que cette personne fût morte, car me voilà engagée à lui être obligée toute ma vie. »

Elle demanda ensuite s'il n'y avait point d'ingrates dans la classe; elles répondirent toutes que non; elle dit encore : « Que les ingrates se lèvent! » Personne ne remua de son siége; ce qui lui fit dire que l'ingratitude est un défaut qu'on ne veut point avouer, parce qu'il est bas, et qu'il montre un bien mauvais cœur; chacun le désavoue, et cependant il est fort commun. Il y a d'autres défauts dont on convient plus aisément : je suis sûre, par exemple, que si je demandais les paresseuses, il y en aurait qui se lèveraient pour peu qu'elles fussent simples, car il n'est pas qu'il n'y en ait ici quelqu'une qui s'en sente coupable. » Puis parlant à la première maîtresse : « Consolez-vous, ma sœur, lui dit-elle, vous n'avez pas une seule ingrate dans votre classe; cependant je vous apprendrai bien à les connaître : ce sont celles qui donnent de la peine et qui ne font pas leur devoir; elles sont ingrates, puisqu'elles ne savent pas reconnaître par leur bonne conduite les bontés qu'on a pour elles et les soins qu'on en prend, puisqu'elles sont indociles, et qu'elles ne se soucient pas de donner du contentement, car les cœurs reconnaissants font tout ce qu'ils peuvent pour satisfaire les personnes à qui ils ont obligation; il n'y en a pas de plus grande que d'être élevées et instruites comme l'on est ici. »

Elle demanda ensuite s'il n'y avait point de disputes dans la classe et si elles étaient toutes bien unies ensemble. La maîtresse assura qu'elles s'aimaient toutes comme des sœurs, et qu'on ne voyait aucun démêlé parmi elles. « Si cela est, répondit madame de Maintenon, vous avez la paix, qui est un si grand bien, que Jésus-Christ a tant de fois recommandée à ses apôtres, et que saint Paul souhaitait aux chrétiens à qui il écrivait. C'est une excellente disposition pour vous préparer à recevoir le Saint-Esprit. Adieu, mes enfants, je vous reviendrai voir avant cette fête pour nous exciter ensemble à la bien célébrer, et à tâcher de mériter d'y recevoir l'abondance des grâces qui y sont attachées. »

LETTRE A MADAME DE BERVAL.

6 octobre 1701.

Vous me faites plaisir, ma chère fille, de ne me point parler de votre charge. Je ne sais ce que deviendrait mon goût et ma dévotion pour l'obéissance, si on me la voulait donner; le commerce avec M. Bernard ne m'en consolerait pas. Vous me faites toutes un grand plaisir de vous renouveler dans l'esprit de votre institut, et de ne pas renvoyer le zèle aux maîtresses de classes. Vous y allez toutes directement; et on doit leur dire à l'infirmerie, au garde-meuble, à la porte et à l'apothicairerie, ce qu'on leur dit dans les classes, et avoir toutes les mêmes principes d'éducation, quoiqu'on y soit employé différemment. Vous le comprenez fort bien, et ce n'est que malice quand vous y manquez. Mais laissons les reproches du passé, et faisons merveille pour l'avenir.

Notre mère me ravit en ce qu'elle me mande de l'éducation des demoiselles. Je n'ai jamais mieux senti l'intérêt ou l'affection de mon cœur pour Saint-Cyr, d'avoir été capable de la joie que je sens d'un progrès si essentiel; mais il faut soutenir tout ce qui s'établit, ou vous le verrez tomber. Dites à mes sœurs de Champigny et de Cuves qu'il faut suspendre les *conversations*, les *proverbes*, les vers, etc., dans les temps que la lecture et les écritures sont en arrière, et que ces sortes de choses-là devraient leur être accordées comme des récompenses d'avancement dans leurs exercices. J'ai reçu une lettre de ma sœur de Routy; mais je voudrais savoir combien de brouillons elle a faits, car Solar me rend fort défiante des beaux ouvrages des demoiselles : je suis pourtant bien contente d'elle.

Adieu, mes filles, priez pour nous, mais ne vous affligez point avec nous; aimons la volonté de Dieu quand elle est contraire à la nôtre; nous ne savons ce que nous demandons; ce que nous regardons comme un éloignement de la paix en sera peut-être la cause; enfin, quoi qu'il puisse arriver n'arrivera pas au hasard, ce sera l'accomplissement des ordres de notre souverain Maître. Ceux qui aiment le roi portent de meilleur cœur les charges publiques; si nous aimons Dieu, nous porterons de bon cœur les croix.

LETTRE A MADAME DE BOUJU,

PREMIÈRE MAITRESSE DE LA CLASSE JAUNE.

Decembre 1704.

Dieu vous garde, ma chère fille, de vous décourager jamais! vous pourrez vous trouver dans de plus grandes peines, et il faut vous préparer à tout. Vous ne faites que commencer à souffrir : les moyens de vous sanctifier vous sont donc bien marqués par la Providence; vous n'avez guère de consultations à faire; obéissez à votre supérieure, en soumettant sincèrement votre jugement; vivez avec vos subalternes comme vous voudriez qu'on vécût avec vous si vous l'étiez, non avec des déférences et politesses mondaines, mais avec une vraie douceur et charité, avec une droite simplicité, qui vous fasse exiger ce qui est dû à la première, pour bien établir les charges sans autres vues que le bien de la maison.

Travaillez en la présence de Dieu, intérieure au milieu de l'action, mais intérieure sans contention, sans embarras, et seulement par la paix et la douceur d'un cœur qui aime Dieu et qui agit pour lui. Soyez détachée de tout sentiment naturel, servant la plus choquante et la plus ingrate de vos filles, comme celles qui vous plaisent le plus et qui le méritent le mieux; reprenant toujours ce qui est mal et excitant toujours au bien, car il n'y a point d'état de langueur ni de maladie qui doive vous empêcher de faire le personnage de mère, en tâchant de les faire profiter de tout et en leur disant quelques mots édifiants. Vous les voulez chrétiennes à la vie et à la mort, vous les voulez raisónnables, c'est le fond de votre éducation : il faut donc suivre continuellement ce projet, sans les fatiguer par de longs discours, mais en semant à chaque moment. Conservez-vous, au milieu de votre travail, afin de travailler longtemps. Bonsoir, ma chère fille; j'ai été interrompue; dites à toutes vos sœurs que je me porte bien, que je les aime tendrement, que Gibraltar est assiégé, et qu'il faut demander qu'il soit bientôt pris.

—

INSTRUCTION AUX DEMOISELLES

DES DEUX GRANDES CLASSES.

(De la nécessité de se convertir, et du bonheur qu'il y a d'être à Dieu sans réserve.)

1704.

Madame de Maintenon leur dit : « Je commence aujourd'hui par vous exhorter à bien profiter de cette retraite (1), à ne vous pas apprendre des choses nouvelles, puisque les vérités de la religion sont toujours les mêmes ; mais à les méditer avec plus de goût que jamais, et à y faire une attention toute nouvelle et encore plus grande que par le passé. Allons, mes chères enfants, que ces saints jours soient ceux de votre conversion ; vous savez que tout le monde en a besoin, du petit au grand, et qu'il y a toujours beaucoup à réformer en nous tant que nous sommes en cette misérable vie. Les prédicateurs prêcheront toujours la patience et le retour vers Dieu, parce qu'on aura toujours besoin de se convertir à lui, les uns plus, les autres moins ; ce serait un grand orgueil et une grande présomption de croire n'en avoir pas besoin. Prenez de bonnes mesures avec Dieu pour détruire en vous tout ce qui lui déplaît, pour y établir en la place les vertus qui vous manquent, et pour vous fonder et enraciner si solidement dans la piété, que rien dans la suite ne puisse vous en détourner. Comptez, mes enfants, qu'il n'y a que cela de bon même dans ce monde-ci, et que, hors de ce chemin, on est toujours dans un péril évident de se perdre, et que l'on se perd effectivement pour l'éternité si

(1) « Celle de trois jours que les demoiselles de Saint-Cyr ont coutume de faire tous les ans. »

Dieu ne fait une espèce de miracle sur lequel il ne nous est pas permis de compter, pour nous rappeler à lui.

» Quelques-unes d'entre vous pourraient peut-être me dire : Mais nous sommes encore bien jeunes, et nous aurons tout le temps, après nous être diverties, de rentrer en nous-mêmes et de revenir à Dieu. Je leur réponds que l'on ne peut commencer trop tôt à bien servir Dieu; que plus tôt elles auront commencé, et plus elles l'auront fait avec ferveur et avec fidélité, plus leur récompense sera grande. Je crois qu'un écueil assez ordinaire aux jeunes personnes, c'est de compter sur une pénitence à venir, qu'elles ont dessein de faire un jour après s'être donné du bon temps; elles se flattent que Dieu, comme à un saint Augustin et à une sainte Thérèse, etc., leur fera la grâce de se convertir, et qu'elles deviendront saintes à leur tour. Mais, hélas! que le nombre de ces heureux pénitents est petit! et que celui des pécheurs qui ont compté sur la pénitence, et sont morts malheureusement sans avoir eu le temps de la faire, est innombrable! J'espère, mes chères enfants, qu'aucune de vous ne prendra ce travers si périlleux, et je suis bien aise en passant de vous faire faire attention sur le grand avantage que les âmes innocentes, et ferventes en même temps, ont sur les âmes pénitentes, je dis même sur les saints pénitents; car n'est-il pas ordinaire que les âmes innocentes, qui ont toujours été pénétrées de son amour et de la crainte de lui déplaire en la moindre chose, pleurent et gémissent sur leurs plus petites infidélités avec la même contrition, la même douleur et la même ardeur que les saints véritablement pénitents le font sur leurs plus grands péchés? Ce que je ne dis pas pour diminuer le mérite de ces saints pénitents dont l'exemple est si consolant pour les pécheurs, mais pour vous encourager à faire vos efforts, et à prendre toutes sortes de précautions pour conserver chèrement le précieux trésor de l'innocence, qui est le moyen le plus sûr et le plus doux pour se sauver, et qui porte toujours avec lui de si grands avantages, même dans ce monde.

» Je ne puis mieux faire, ce me semble, pour vous encourager à embrasser généreusement pour le reste de vos jours la pratique d'une vie chrétienne, que de vous proposer l'exemple de monsieur le duc de Bourgogne (1); c'est un jeune prince à peu près de votre âge, puisqu'il n'a pas encore vingt-deux ans. Depuis sa première communion, nous avons vu peu à peu disparaître tous les défauts de son enfance, qui nous donnaient de grandes craintes pour l'avenir; sa piété a toujours été croissant, son progrès était visible d'une communion à l'autre; il a surmonté généreusement toutes les railleries qu'il a eu à essuyer dans le commencement; et à présent il est l'admiration de tout le monde. Il communie très souvent, entend la messe tous les jours, où il y a presse d'aller avec lui pour s'édifier de la manière respectueuse et pleine de religion avec laquelle il y assiste; il s'enferme seul dans son cabinet une ou deux heures de l'après-dînée, ce qui est fort rare à la cour; il y a plusieurs livres de piété sur sa table, ce qui fait juger qu'il emploie ce temps à les lire ou à prier. Mais ce qui marque davantage la solidité de sa piété, c'est la violence qu'il continue de se faire à lui-même pour détruire entièrement ses défauts; et, comme l'on dit, il se tient à quatre pour ne se point fâcher; mais la piété l'a tellement métamorphosé, que d'emporté et violent qu'il était, il est devenu modéré, doux, complaisant, et si attentif sur lui-même qu'on a peine à discerner si c'est son naturel. Quand il se détermina à servir Dieu tout de bon, il cessa le jeu, qu'il aimait passionnément. Je lui demandais un jour confidemment quelles raisons il avait eues de s'interdire le jeu auquel nous savons qu'il est le plus attaché, il me ré-

(1) Élevé par Fénelon.

pondit qu'ayant fait ses réflexions, il avait reconnu que ce qui lui faisait aimer le jeu était le désir du gain; qu'à la vérité il ne se souciait pas beaucoup de perdre, mais qu'il sentait une grande joie de gagner; qu'il craignait que cela ne vînt d'un fond d'avarice, et qu'il lui semblait impossible que ce qui vient du péché mortel fût innocent de soi-même. Il pense de même sur tous les autres articles, et quelque envie qu'il ait de faire quelque chose, c'est assez de lui dire qu'il peut y avoir de l'offense de Dieu pour l'arrêter tout court. Certaines gens pensaient que c'était par avarice qu'il avait quitté le jeu, mais les aumônes secrètes qu'il fait depuis qu'il s'est adonné à la dévotion le justifient parfaitement de ce soupçon, et ce qui montre davantage que c'est véritablement par vertu qu'il se prive du plaisir du jeu, et que ce n'est point par entêtement de soutenir son entreprise, c'est qu'il ne fait pas difficulté de jouer quand cela est nécessaire pour condescendre au goût de madame la duchesse de Bourgogne; mais il se contente pour lors d'un petit jeu, comme d'une pistole ou deux tout au plus; à peine lui arrive-t-il de jouer une fois en huit jours. Il prend de même avec modération et par complaisance d'autres plaisirs innocents, comme la chasse, la promenade, etc.; et bien loin que sa piété s'oppose à ces sortes de plaisirs, elle les lui rend plus agréables qu'ils ne le sont à ceux qui, n'ayant pas la ressource de la piété, se laissent tyranniser par leurs passions, ne savent à quoi passer le temps, et cherchent à s'étourdir depuis le matin jusqu'au soir en faisant succéder un plaisir à un autre, sans en trouver aucun qui les satisfasse entièrement. Le jeune prince est toujours content, parce qu'il sait remplir son temps d'exercices pieux et utiles.

» On voit les religieuses les plus austères et les plus régulières être gaies et contentes dans une vie si pénible à la nature, et cette innocente joie est le partage de tous ceux qui font le bien. Plusieurs d'entre vous sont pressées de sortir d'ici; que feront-elles si elles n'ont amassé un bon fonds de piété? Elles ne savent pas ce qui les attend. Comment pourront-elles supporter leurs peines si elles n'ont pas une grande piété? Demandez-la donc à Dieu sans relâche, mes chères enfants; travaillez de toutes vos forces à l'affermir et à la perfectionner pendant que vous êtes encore ici; demandez-la instamment à Dieu pendant votre retraite, et demandez-la avec grande confiance et une grande foi en la parole qu'il a bien voulu donner lui-même dans son Evangile, d'accorder les vrais biens à ceux qui les lui demanderont. Priez pour moi, mes chères enfants. »

INSTRUCTION AUX DEMOISELLES DE LA CLASSE BLEUE.

(Des vertus cardinales.)

Juin 1705.

Madame de Maintenon, se trouvant à la classe bleue, parla aux demoiselles sur les vertus cardinales, et dit premièrement que ce mot était pris d'un mot latin qui signifie un gond, parce que de même qu'une porte roule sur ses gonds, aussi toute la conduite de notre vie doit rouler sur ces quatre vertus qui renferment toutes les autres. Elle les exhorta à les aimer et à ne s'en pas tenir à les savoir définir, mais à les pratiquer, afin d'acquérir de bonne heure du mérite.

Mademoiselle de Villeneuve lui demanda en quoi consistait le mérite; elle répondit : « A avoir un assemblage de vertus et de bonnes qualités, et surtout de la religion et de la raison. » Puis elle expliqua la justice, disant que celle d'action consiste à rendre à chacun ce qui lui est dû et à consentir qu'on nous rende à nous-mêmes ce que nous méritons : « Qu'est-ce que l'on mérite quand on a tort? Mademoiselle de Laudonie, répondez. — On mérite le blâme, répondit la demoiselle. — Oui, dit madame de Maintenon, et c'est une justice de souffrir qu'on nous blâme quand nous avons tort, et outre cela, c'est une des meilleures manières de réparer ses fautes; il n'y a personne qui n'en puisse faire; mais c'est la marque d'un très bon esprit de les reconnaître et d'en convenir, et, au contraire, c'est une marque d'un très petit esprit que de ne pouvoir convenir de ses torts, et de chercher de fausses excuses pour les couvrir. »

Elle dit ensuite qu'outre cette sorte de justice qui se doit trouver dans nos actions, il y en a une de jugement qui s'appelle équité, qui fait que, sans se laisser préoccuper par ses inclinations ou ses répugnances, on se forme de justes idées de toutes choses, on discerne le bien d'avec le mal, jusqu'à voir les défauts de ses amis sans se laisser aveugler en leur faveur par l'amitié qu'on a pour eux, et à reconnaître de bonne foi les bonnes qualités qui se peuvent trouver dans les personnes que nous aimons le moins ou qui nous sont le plus contraires. « Non que nous soyons obligés de découvrir les défauts de nos amis, puisque l'amitié nous engage à les couvrir et à les excuser, si ce n'est qu'il fût nécessaire d'arrêter le mal en le découvrant; mais la justice veut que nous jugions mauvais ce qui est mauvais, et bon ce qui est bon, indépendamment de nos dispositions à l'égard des personnes en qui l'un ou l'autre se trouve. La plus sûre règle pour ne se point tromper dans ses jugements, c'est de les approcher le plus près que l'on peut de ceux de Dieu, qui nous sont manifestés dans l'Écriture sainte et dans l'Évangile, et la seconde règle, qui est aussi tirée de l'Évangile, est de juger les autres comme nous voulons être jugés, de penser et de parler d'eux comme nous voulons qu'ils pensent et jugent de nous, et de les traiter en tout comme nous voudrions en être traités. Mais il y a encore un degré de justice plus excellent que celui-là et qui demande bien une autre vertu : c'est le désintéressement, qui nous rend capables de décider contre nous-mêmes en faveur de ceux qui ont le bon droit de leur côté. Il se trouve bien des gens qui sont assez équitables pour juger justement les causes des autres ; mais dès qu'ils y sont intéressés, on les trouve tout préoccupés en leur faveur ; cela est opposé à la justice, qui veut qu'on se déclare pour la bonne cause en qui que ce soit qu'elle se trouve.

» Passons à la prudence : c'est une vertu qui règle toutes nos paroles et nos actions selon la raison et la religion ; elle fait discerner ce qu'il faut faire ou omettre, dire ou taire, selon les occasions et les circonstances, elle est opposée à l'indiscrétion qui fait parler mal à propos. » Et sur cela, elle demanda à mademoiselle de Saint-Maixant ce qu'elle croyait de plus contraire à la charité, de railler une personne d'un défaut corporel ou d'un défaut de l'esprit, ou de l'humeur. Cette demoiselle répondit que c'était de reprocher les défauts de l'esprit ou du cœur. « Il ne convient jamais, dit madame de Maintenon, de relever aucuns défauts ; la charité nous engage à les excuser tous ; mais je trouve que c'est une bassesse et une cruauté de reprocher à quelqu'un un défaut naturel auquel il n'a nulle part, et qu'on n'est pas maître de corriger. Les bons cœurs et les esprits bien faits sont incapables de rire de ces sortes de défauts ; ils les supportent et les cachent avec soin et avec tendresse pour ceux qui les ont. Mais je trouverais plus excusable de reprocher un défaut de l'esprit et de l'humeur ; car, après tout, la personne en qui il est pourrait s'en corriger, ou du moins le diminuer ; ainsi elle est blâmable de s'y laisser aller ; mais cependant la charité nous défend de les reprocher, non plus que les autres. Un moyen d'éviter l'indiscrétion, qui est si désagréable et insupportable dans la société, est de devenir prudente, de faire réflexion à ce que nous voulons dire, afin de prévoir s'il n'aura aucune mauvaise suite et ne fâchera personne.

» La prudence fait encore consulter les personnes sages et expérimentées; elle fait prendre de justes mesures pour venir à bout de ce qu'on veut entreprendre, et elle n'entreprend rien que de juste, et ne le fait point sans apparence de succès.

» La tempérance est une vertu qui nous modère en toutes choses et nous fait tenir un juste milieu entre le trop et le trop peu. Elle est d'un usage continuel, elle empêche tout emportement de passion, soit de joie, soit de tristesse : si on rit, c'est avec modération et modestie; si on pleure, c'est sans se livrer tout entière à la douleur, la portant paisiblement et patiemment; si on mange, c'est avec modération; enfin la tempérance empêche tout excès. J'ai connu trois personnes qui eurent un grand sujet de tristesse par la perte d'un frère qui leur était également cher; l'une d'elles était si outrée de douleur, qu'elle se battait la tête contre la muraille, ne voulait ni boire ni manger, et donnait toutes les marques d'une douleur excessive; les autres, au contraire, pleuraient si paisiblement, quoique très amèrement, qu'elles ne faisaient aucun geste qui marquât le moindre emportement : laquelle de ces tristesses trouvez-vous la plus raisonnable? C'est sans doute celle qui demeure dans les bornes de la modération et de la patience.

» La tempérance vous est, à vous autres, très nécessaire en toute occasion, car le faible de la jeunesse est l'emportement pour la joie et le plaisir; tout la met hors d'elle et l'empêche de se posséder, si elle n'a grand soin de retenir la fougue de ce penchant. Retenez bien ce que je vais vous dire : Toute personne qui n'est pas maîtresse d'elle-même n'aura jamais de mérite, ni selon Dieu, ni selon le monde. Il faut être maîtresse de sa joie pour ne se pas laisser aller aux grands éclats de rire, aux démonstrations excessives; toute joie qui se montre par la posture du corps est immodérée, et, par conséquent, opposée à la tempérance. On ne doit jamais entendre rire avec éclat une personne modeste et bien élevée; le Saint-Esprit, comme vous savez, dit lui-même que le rire du fou s'entend, parce qu'il rit avec éclat; mais que celui du sage ne s'entend point, et cela parce qu'il est maître de tous ses mouvements et les sait modérer. Cependant, tout vous met hors de vous. Je ne condamne pas un petit mouvement de joie; mais il ne faut pas que cela aille jusqu'à faire des cris immodérés et en perdre contenance.

» La force est une vertu qui nous fait poursuivre avec courage nos entreprises et surmonter les obstacles que nous trouvons dans les autres et dans nous-mêmes au bien que nous avons entrepris, sans nous rendre aux difficultés, soutenant les événements fâcheux avec fermeté et sans abattement.

» A qui est-elle le plus nécessaire de nous tous, cette vertu de force, Beauvais? — C'est à celle qui a le plus de défauts, dit la demoiselle, et les plus difficiles à détruire. — Oui, je le pense comme vous, » dit madame de Maintenon. Puis elle ajouta : « Celles qui ont le plus de défauts ou qui sentent qu'elles ne sont pas si bien nées doivent-elles se décourager et s'imaginer qu'elles ne pourront venir à bout de les détruire? — Non, Madame, dit la demoiselle, parce que notre mérite dépend de notre travail, aidé de la grâce de Dieu. — Voilà une réponse admirable! dit madame de Maintenon, ne l'oubliez jamais, mes enfants : notre mérite dépend de notre travail. Je vous laisse sur ce bon mot, et, quand je reviendrai, nous en parlerons ensemble. »

INSTRUCTION AUX DEMOISELLES DE LA CLASSE JAUNE.

(Sur les excuses et les réponses mal à propos.)

18 avril 1706.

« Je voudrais, mes chères enfants, dit madame de Maintenon aux demoiselles, vous défaire de la pente que vous avez à vous excuser. Je vous demande d'écouter d'abord bien respectueusement et tranquillement ce que vos maîtresses vous disent, et, quand elles ont fini, de leur demander, d'un ton doux et modeste, permission de leur dire vos raisons, pourvu qu'elles soient bonnes, car il vaut mille fois mieux avouer bonnement que l'on a tort que de donner une seule mauvaise excuse. Aussi ce que je vous dis est pour le premier cas, où je suppose que vous êtes reprises d'une faute dont vous n'êtes point coupables, ce qui peut arriver quelquefois, rien n'étant si aisé parmi votre nombre que de prendre l'une pour l'autre. Mais dans le second cas, où je suppose qu'effectivement vous avez fait la chose dont on vous reprend, vous ne devez pas avoir le moindre petit mot à dire, si ce n'est pour témoigner que vous êtes vraiment fâchées de l'avoir faite, que vous êtes bien obligées de l'avis qu'on vous donne, et résolues d'en profiter et de ne plus jamais tomber dans la faute dont on vous fait apercevoir. Je vous assure, mes enfants, qu'il n'y a personne, si animée contre vous qu'elle pût être, qui ne fût aussitôt désarmée par cette bonne manière; et je vous prie d'être bien persuadées que je ne vous demande en cela rien d'extraordinaire ; que non-seulement toute fille bien élevée en use de la sorte, mais encore toute personne raisonnable et qui a l'esprit bien fait. Comptez qu'il est plus honorable d'avouer ingénument et simplement que l'on a tort, que de s'excuser mal à propos : c'est la marque d'un très petit esprit et d'une méchante éducation. Que je n'entende donc plus parler ici de mauvaises réponses ou méchantes défaites. Si vous avez, par exemple, fait un oubli ou un message de travers, au lieu de dire que vous aviez tant de choses à faire à la fois que vous n'avez pu vous en souvenir, dites que vous êtes très mortifiées d'avoir ainsi oublié ou mal fait la chose dont vous étiez chargées, et bien fâchées de l'embarras que votre oubli ou votre étourderie ont causé. Agissez avec droiture, franchise et simplicité en toutes les occasions semblables, et comptez que rien n'est plus grand, plus généreux et plus noble, aussi bien que plus juste et plus raisonnable, que cette manière-là. A des personnes comme vous, je devrais me contenter de vous dire que la piété et la vérité seules l'exigent de vous; mais je suis bien aise de me servir de toutes sortes de motifs pour vous engager plus sûrement à m'accorder ce que je vous demande. J'aimerais cent fois mieux une fille qui ferait quelquefois les choses de travers, et qui tout bonnement l'avouerait et en paraîtrait fâchée, par rapport à l'embarras que cela donnerait, qu'une autre qui ferait ordinairement fort bien les choses, mais qui ne voudrait point avouer son tort quand elle aurait manqué. Je dirais de la première : Voilà une fille vraiment candide, quoique un peu incommode dans ses bévues, mais il y a apparence qu'elle se corrigera, et sa droiture seule y contribuera beaucoup; et je vous assure que j'aurais une bien moindre opinion de la seconde, quoique plus capable. Encore une fois, vous ne sauriez recevoir avec trop de respect et de reconnaissance tous les avis que l'on vous donnera, car c'est ordinairement un principe d'amitié et d'intérêt pour vous qui nous porte à les donner; mais quand cela ne serait pas, un esprit bien fait profite toujours de l'avis, quand même il partirait d'un principe d'animosité. J'admire souvent madame la duchesse de Bourgogne, qui est la première princesse du royaume, et sur laquelle je n'ai naturellement nulle autorité : vous ne sauriez comprendre avec quelle docilité, quelle bonne manière et même quelle reconnaissance elle reçoit les avis que je prends la liberté de lui donner. Mais, bien plus, je la trouvai l'autre jour assise sur un degré, à la porte de ma chambre, avec Jeanne, qui est une grosse villageoise de bon sens que j'ai chez moi, qui lui disait tous ses défauts et tout ce qu'elle entendait dire d'elle de désavantageux à Paris; cette charmante princesse, au lieu de se choquer de la franchise de cette bonne femme, se jeta à son col, et l'embrassa plusieurs fois en lui disant : — Je te suis bien obligée, Jeanne, je te remercie de tout ce que tu viens de me dire, car je sens bien que c'est par amitié pour moi. Et toutes les fois qu'elle la voit, non-seulement elle lui fait amitié, mais elle l'embrasse de tout son cœur, quoiqu'elle soit laide, vieille et dégoûtante. — Eh bien ! mes enfants, qu'avez-vous à répondre à cet exemple? n'est-il pas plus que suffisant pour vous convaincre que rien n'est si louable, si convenable et si à sa place que de bien recevoir les avis que l'on donne, ou sur nos défauts, ou sur nos manières, ou sur quelques autres manquements? Travaillez, dès aujourd'hui, dès ce moment, à prendre cette bonne habitude, et conservez-la tout le reste de votre vie, car on peut faire des fautes à tout âge, et il n'y en a point où on ne doive être reconnaissant d'en être averti.

» Donnez-moi, mes enfants, la même consolation que vos anciennes compagnes, qui recevaient de si bonne grâce ce que l'on jugeait à propos de leur dire pour leur bien; aussi sont-elles devenues la plupart d'excellentes religieuses. Mademoiselle de Ponbriant, par exemple, qui est présentement une si fervente carmélite, avait mille défauts, et nous ne cessions de la reprendre; quand on me dit qu'elle voulait être religieuse, je m'en moquai; mais voyant que cela était véritable, je voulus lui parler sur sa vocation, et je lui dis : — Est-il possible, mon enfant, que vous pensiez à être religieuse avec le goût que vous avez pour le monde? Elle me répondit : — Il est vrai, Madame, que je l'aime fort, je sens que je m'y perdrais, c'est pour cela que je ne veux point y aller. — Mais, lui dis-je, tu es si vaine, tu aimes tant à t'ajuster, à parler, à te réjouir! — C'est justement à cause de tout cela, dit-elle, que je veux être religieuse. — Voilà ce qui s'appelle avoir du courage, ajouta madame de Maintenon, et une excellente vocation. — M. Tiberge, dit madame de Champigny, la respecte fort; il y a quelque temps que je lui dis qu'elle m'avait écrit, il me dit : « Gardez précieusement sa lettre comme venant d'une sainte. » A quoi madame de Maintenon répondit : « Je la regarde aussi comme telle; je ne puis vous dire combien j'en fus édifiée quand je l'allai voir. Je la trouvai toute pleine de Dieu, ne respirant que lui et tout ce qui a rapport à lui. »

INSTRUCTION AUX DEMOISELLES DE SAINT-CYR.

(Sur la communion.)

1706.

Je viens, mes chères enfants, vous parler de la communion que vous aurez le bonheur de faire demain. Je suis charmée de la piété que vous faites paraître à l'approche des sacrements, et je suis persuadée qu'elle est encore plus vive dans votre cœur qu'elle ne le paraît à l'extérieur, et c'est ce qui me rassure sur les craintes que j'ai quelquefois que vous n'approchiez, ou du moins quelques-unes d'entre vous, de ce divin sacrement par routine, pour suivre les autres, pour faire ce qui est marqué dans votre règle, et parce que l'on a soin de vous avertir quelque temps auparavant de vous y préparer pour tel ou tel jour; mais que, quand vous serez chacune chez vous, sans être avisées ou suivies par personne sur cet article, vous ne tombiez dans le relâchement et dans l'indolence, négligeant de vous confesser et de communier aussi souvent qu'il convient à tout bon chrétien de le faire, et surtout à des filles qui, comme vous, ont été élevées jusqu'à vingt ans dans la plus grande piété. Je puis vous assurer que, dans le monde même, les personnes qui ont un peu de soin de leur salut ne mettent pas ordinairement plus d'un mois de distance entre leurs communions. M. le duc de Bourgogne communie tous les mois; c'est la règle que saint François de Sales prescrit aux personnes séculières, et il ne suppose pas qu'une personne pieuse puisse le faire moins souvent. Le roi et la reine d'Espagne communient aussi tous les mois, comme M. le duc de Bourgogne, et avancent et reculent seulement cette communion de quelques jours, selon que les fêtes se rencontrent. Je vous nomme ces personnes-là, qui sont par leur état dans des occasions qui sembleraient les devoir naturellement éloigner de cette sainte coutume, pour vous convaincre que c'est celle de tous les bons chrétiens et pour vous prévenir contre les railleries que les gens du monde pourraient faire de votre dévotion. Si vous en trouvez de cette sorte au sortir d'ici, laissez-les dire et suivez toujours le plan que vous vous êtes fait d'une vie vraiment chrétienne. Les saints évêques et autres personnes de vertu auxquelles je fais quelquefois voir votre maison, me disent souvent qu'elles sont étonnées que, menant une vie si pure et si innocente comme vous faites ici, vos communions ne soient pas plus fréquentes. A cela je réponds que je serais fort aise de vous voir communier plus souvent qu'une fois le mois, mais que vous n'êtes pas toutes destinées à être religieuses, et que plusieurs d'entre vous devant retourner dans le monde et y prendre des établissements, je crois plus convenable, en faveur de celles-là, de vous faire prendre ici une pratique que vous puissiez continuer dans le monde en quelque condition que vous soyez, et que j'aime beaucoup mieux que vous ayez alors à augmenter le nombre de vos communions, à mesure que votre piété croîtra, qu'à les diminuer. Je suppose, en vous parlant ainsi sur la fréquente communion, que vous meniez une vie vraiment chrétienne; car si vous étiez assez malheureuses pour oublier tous les bons principes que l'on vous donne ici et pour vous livrer aux plaisirs, à la vanité, aux jeux, aux spectacles, en un mot à une vie toute mondaine, ce serait bien une nécessité de diminuer le nombre de vos communions; mais vous seriez alors bien à plaindre. Je prie Dieu de tout mon cœur qu'il vous préserve de ce malheur. Il faudrait du moins, en ce cas, avoir toujours un confesseur arrêté, et prendre ses conseils et ses avis et les suivre; ce serait un bon moyen pour vous aider à rentrer dans votre devoir. Mais celui que vous avez présentement entre les mains, dont je vous conjure, mes chères enfants, de faire un saint usage, est votre communion de chaque mois et celles que l'on veut bien encore vous accorder, outre celle-là, faites-les toujours comme si chacune devait être la dernière de votre vie, et apportez-y toutes les saintes dispositions qu'il vous est possible, et vous ferez sûrement un grand amas de grâces, de forces et de secours pour le temps à venir. Mon Dieu! mes enfants, que tant de communions bien faites vous rendront fermes et courageuses pour le bien ! qu'elles vous seront d'une grande utilité, pour la suite de votre vie, pour obtenir les grâces spéciales dont vous aurez besoin dans les occasions périlleuses dans lesquelles vous pourrez vous trouver ! Il est moralement sûr que vous étant accoutumées à trouver ce secours dans la sainte communion, si vous étiez dans la suite quelque temps sans vous en approcher, vous y seriez rappelées en sentant intérieurement que quelque chose vous manque. Mais j'aime bien mieux espérer que le grand nombre d'entre vous ne s'écarteront jamais de ce divin sacrement et persévéreront dans la sainte habitude qu'elles prennent ici.

» Souvenez-vous aussi toute votre vie de la manière dont vous passez les veilles de vos communions, pour faire à peu près de même quand vous serez chez vous. Il n'y a personne dans le monde qui ne se retire ces jours-là, qui ne les passe en exercices de piété ou dans les églises ou dans sa maison, et vous ne serez point singulières en conservant cette bonne coutume autant qu'il vous sera possible ; car si un père, une mère, un mari, voulaient vous tenir tout ce jour-là auprès d'eux pour les servir et autre chose, alors votre premier devoir est d'avoir cette complaisance pour eux, et il faut savoir suppléer par le recueillement intérieur, par les fréquents retours vers Dieu et par les actes redoublés de désir de recevoir Notre-Seigneur, de foi, d'amour, etc., aux exercices extérieurs que vous ne pourriez faire.

» Je ne puis m'empêcher de vous dire combien je suis souvent édifiée de la manière dont la plupart des gens de guerre s'approchent de la sainte communion, du profond respect qu'ils font paraître ; ils y vont les mains jointes, le corps prosterné, sans armes et avec une dévotion charmante. J'eus encore ce plaisir l'autre jour. Vous auriez été aussi ravies que moi si vous aviez vu la piété et la ferveur de deux gardes du corps en communiant, et cela tout ouvertement, sans respect humain, et aussi sans hypocrisie ; car ils ne savaient pas que nous les pouvions voir : j'en suis encore tout embaumée. Adieu, mes enfants ; vous voyez que je vois qui peut vous être utile. »

INSTRUCTION AUX DEMOISELLES DE LA CLASSE BLEUE.

(Contre l'esprit de cachotterie et sur l'obéissance.)

1703.

« Mes chères enfants, je viens vous parler de deux choses importantes, et bien différentes l'une de l'autre, mais qui ne se nuisent point, et doivent même s'accommoder ensemble : la première est sur l'esprit de cachotterie, que je vous prie de détruire absolument parmi vous. Soyez bien aises que vos maîtresses voient tout ce que vous faites, parce que vous n'êtes pas encore assez mûres et expérimentées pour juger de ce qui est bien ou mal, et ceux qui veillent sur votre conduite sont en état de vous le faire remarquer, ce qui vous formera extrêmement la raison. Dans le monde on jugerait très mal d'une fille qui voudrait se cacher de sa mère, il en concevrait de terribles soupçons. Quand donc vous voyez arriver une de vos maîtresses, il ne faut pas vous cacher de ce que vous dites ou de ce que vous faites, et, si elle vous le demande, il faut lui dire simplement ce que c'est. Ce qui retient quelquefois les jeunes personnes sur cela, c'est qu'elles croient qu'on va les blâmer et les reprendre. Ne craignez rien, vous ne serez reprises que pour votre bien, et selon la qualité de la faute que vous faites; si elle est considérable, on vous le fera voir avec bonté, car on ne se servira jamais de votre propre aveu pour vous punir; au contrair . . n vous saura gré de votre droiture; si c'est une enfance, on vous le fera remarquer, et si c'est une chose indifférente, on vous dira qu'il n'y a point de mal, et ainsi on vous apprendra à faire un discernement juste. Plus je vis, et plus l'expérience me fait voir que l'esprit de cachotterie est ce qui perd la plupart des jeunes personnes; et tout ce qu'il y a de gens éclairés, que j'ai consultés, m'ont toujours dit de même.

» Quand je reviendrai vous voir, je prétends qu'on me puisse dire qu'il n'y en a aucune d'entre vous qui fasse des fautes considérables; pour les fautes légères, il n'est pas étonnant que vous en fassiez quelques-unes, et elles ne m'empêcheront pas de vous venir voir, quand d'ailleurs vos maîtresses seront contentes de vous, et je prendrai plaisir à écouter toutes les demandes que vous voudrez me faire, et à vous faire connaître ce qui est mal en soi, et les raisons qui le rendent tel. J'emploierai de bon cœur, et avec plaisir, tout ce que Dieu m'a donné de lumières et de raison à votre service; mais promettez-moi donc que vous prendrez pour toujours une conduite franche, ouverte, sans aucun déguisement ni détour, n'ayant rien de caché pour vos maîtresses tant que vous serez ici, et que vous conserverez ce même bon esprit à l'égard des personnes dont vous dépendrez, comme vos pères, vos mères, oncles ou tantes, quand vous serez dehors. »

Elles le lui promirent toutes. Puis elle ajouta : « Croyez, mes enfants, que ce que je vous demande est très raisonnable, et pour votre seul bien; vous le pouvez voir vous-mêmes, pour peu que vous réfléchissiez sur ce que je viens de vous dire; j'y ajouterai encore, pour achever de vous convaincre, que j'ai connu une femme de qualité et de grand mérite qui avait pris auprès d'elle une jeune demoiselle dans le dessein de lui faire sa fortune en l'établissant après qu'elle y aurait demeuré quelque temps ; mais qu'elle en fut dégoûtée, et la renvoya sans avoir rien fait pour elle de ce qu'elle avait projeté, uniquement parce qu'elle lui trouva un air mystérieux ; dès qu'elle entrait dans sa chambre elle avait toujours quelque chose à cacher, tantôt un livre, tantôt un ouvrage, une autre fois un papier, et je vous assure que toute femme sage et raisonnable en aurait fait autant qu'elle, et que qui que ce soit ne s'accommode pas d'une personne dans la conduite de laquelle on ne voit point clair.

» La seconde chose que je vous demande est de vous appliquer à l'obéissance, de la pratiquer de bon cœur, d'en prendre une bonne habitude, et ne point regarder cette vertu comme ne convenant qu'aux jeunes personnes ou aux religieuses. Je puis vous assurer, avec cette sincérité que vous me connaissez et avec laquelle je vous parle toujours, qu'elle est de tous les états et de tous les âges. Demandez à cette demoiselle, ajouta-t-elle en montrant mademoiselle d'Aumale qui avait l'honneur d'être chez elle à la cour, si elle n'a pas besoin de beaucoup de soumission, et si elle sait à quelle heure elle se lèvera et se couchera, et ce qu'elle peut faire à chaque heure du jour. Il n'en est pas, dans le monde, comme de vous, à qui tout est réglé et marqué; on ne sait pas souvent, d'une heure à l'autre, ce que l'on fera, surtout quand on est dans la dépendance. Plût à Dieu que les personnes qui y sont eussent fait auparavant un bon noviciat, où on leur eût bien appris à se soumettre et à rompre leur volonté, elles en seraient bien plus heureuses et plus contentes, car celles qui y ont été accoutumées dès leur jeunesse le font avec bien plus de facilité que les autres.

» Ce qu'on appelle proprement une personne bien née est une personne prête à faire tout ce que l'on a raisonnablement raison d'exiger d'elle. Je ne puis trop vous exhorter, mes chères enfants, à vous accoutumer à rompre votre volonté; vous vous en trouverez bien en quelque état que vous soyez dans la suite. Si votre fortune, par exemple, vous oblige à être chez quelque personne de condition, il faut obéir continuellement, être toujours prête à tout, et dans une sujétion continuelle; il faut ordinairement, dans ces sortes de postes, rompre dix à douze fois les projets qu'on pouvait avoir faits. Ne vous imaginez point que la dépendance soit une pratique d'enfant. Qu'on me demande, à moi-même, si je reviendrai demain à Saint-Cyr : je n'en sais rien; à quelle heure je dînerai : je ne le sais pas, parce que, si je suis à Saint-Cyr, ce sera à onze heures; si je demeure chez moi, c'est à midi; à la cour je dîne à deux heures. Il en est de même pour mon coucher; ce n'est quelquefois qu'après minuit. On pourrait croire que c'est pour son plaisir qu'on se couche si tard, ou parce qu'on ne se soucie pas de le faire plus tôt; point du tout, on serait quelquefois fort aise de se coucher de bonne heure, mais on n'est pas libre de disposer de soi. Vous qui êtes si bien instruites, à qui on tâche d'apprendre sitôt à obéir, obéissez donc, soumettez-vous; rien n'est meilleur, *c'est le partage de notre sexe*, et j'espère que vous profiterez des leçons qu'on vous donne là-dessus, et que vous excellerez dans l'art merveilleux de savoir se vaincre soi-même, et de plier à toutes mains, selon la volonté de ceux dont vous dépendez; car ce n'est pas seulement pour le temps que vous êtes à Saint-Cyr que je vous prêche cette obéissance, c'est pour tout le temps de votre vie. Je vous l'ai dit cent fois, et je vous le redis encore, il ne s'en trouve point où il ne faille se soumettre à quelqu'un; les princes et les magistrats obéissent, quoique ce soit eux qui ont l'autorité en main : ils se soumettent aux lois, aux remontrances qu'on leur fait. Le pape même n'obéit-il pas à son confesseur, en ce qui regarde sa conscience? Vous ne trouverez personne sur la terre de raisonnable qui ne se soumette. »

ENTRETIEN AVEC LES DAMES DE SAINT-LOUIS.

(Quels jeux conviennent aux demoiselles, et ceux dont il est convenable de faire la dépense.)

1709.

Pour traiter toutes sortes de matières, la première maîtresse des *rouges* demanda un jour à Madame si elle pourrait permettre aux plus jeunes de faire des poupées aux récréations, que cela servirait à les rendre adroites en les réjouissant. « J'aimerais toujours mieux toute autre chose que l'oisiveté, dit Madame; mais vous les rendrez bien plus adroites en leur faisant faire des choses utiles qui les formeront encore mieux, et je ne crois pas que vous leur deviez laisser faire des poupées. Les filles commencent à être capables d'apprendre à travailler de bonne heure, et les moins habiles savent bien vite tirer quelque utilité de leurs doigts. Vous n'en avez point qui n'aient sept ans accomplis, et vous ne pouvez trop tôt les occuper utilement pour elles, afin d'avancer leur éducation le plus qu'il est possible. Les enfants, d'ordinaire, prennent plaisir à tout ce qu'on leur fait faire, et il n'y a que manière de s'y prendre avec eux, en leur montrant avec douceur et patience, prenant la peine de remettre ou de faire remettre par quelqu'un de raisonnable leur ouvrage en bon train quand on a été obligé de leur défaire, car il ne faut rien négliger afin de parvenir à leur donner à toutes le goût de l'ouvrage, qui s'acquiert communément par l'habitude. Quant aux poupées, outre la perte du temps, où trouveraient-elles de quoi les faire? Vous les mettrez dans la tentation de couper leurs dentelles, d'effiler leurs rubans, et de prendre tout ce qu'elles pourront trouver pour les habiller; car je ne crois pas que vous leur fournissiez de quoi le faire, n'ayant rien dans la maison dont on ne fasse usage, puisque vous vendez vos guenilles pour faire du papier. Je n'aimerais pas, encore une fois, à laisser faire des poupées à de pauvres filles qui manqueraient de tout si elles étaient chez leurs parents. — A quoi donc les réjouir aux heures de récréation, reprit la maîtresse, car elles ont besoin de quelques amusements, et on leur défend plusieurs jeux, ou parce qu'ils sont d'un grand bruit, ou qu'ils font de la poussière? — Il faut bien qu'elles jouent, dit Madame, et qu'elles se divertissent à tous les jeux d'usage parmi les enfants; mais l'on ne doit permettre à la classe que deux jeux paisibles, et réserver pour le jardin tous les jeux de mouvement, ceux où il faut sauter, courir, etc., et ne jamais souffrir qu'elles se pressent, se poussent, se tiraillent, qu'elles se jettent par terre, qu'elles jouent à des jeux de mains, qu'elles marchent et sautent sur les bancs et sur les tables, et encore moins sur des tabourets, qu'elles se fassent porter, qu'elles se traînent dans une chaise, qu'elles se coiffent de leur ouvrage, et d'autres jeux semblables qui causent une grande ruine. »

Madame a eu la bonté de donner aux classes un grand nombre de jeux d'échecs, de dames, etc., et a fort recommandé de les y entretenir toujours aussi régulièrement que les livres, parce qu'il est de grande conséquence d'occuper la jeunesse innocemment et utilement, et que ces sortes de jeux sont propres à cela. « Je crois, nous a-t-elle dit bien des fois agréablement, cette dépense si nécessaire que j'ai presque envie de la fonder, de crainte qu'à l'avenir vous ne la voulussiez pas faire, la regardant inutile. » Lorsque Madame va aux classes les dimanches, elle paraît ravie de voir les demoiselles occupées d'une partie de dames ou d'échecs, et plusieurs fois elle a mis de l'argent pour celle qui gagnerait, afin de les affectionner à ces petits jeux.

« Est-il vrai, Madame, lui dit-on encore, que vous désapprouveriez qu'on oblige les demoiselles d'avoir des gants dans leurs classes lorsqu'il fait froid? — Oui, dit-elle, je désapprouverais infiniment qu'elles en eussent lorsqu'elles font quelque chose où il ne convient pas d'en avoir; par exemple, en portant un bouillon à une malade, en pliant du linge, ou en des occasions semblables où c'est une malpropreté et une vraie négligence d'en avoir; mais je voudrais que l'on tâchât de les préserver des engelures, parce que tant qu'elles durent elles les rendent inhabiles à toutes sortes d'ouvrages. On pourrait, pendant les grands froids, faire tiédir l'eau avec laquelle elles se lavent les mains, et leurs sœurs converses en seraient chargées : ceci pour les petites classes. »

ENTRETIEN AVEC MADAME DE GLAPION,

ALORS MAITRESSE GÉNÉRALE DES CLASSES.

(Qu'il ne faut rien retrancher de ce qui a été réglé pour les demoiselles, pour l'habillement et pour la nourriture, excepté dans des temps de grande disette, et toujours après avoir commencé par la communauté, ni les faire travailler à l'excès. — C'est madame de Glapion qui parle.)

Ce 30 janvier 1711.

Madame de Maintenon ayant parlé à plusieurs personnes de la communauté, et craignant que nous eussions excédé en certaines choses et poussé trop loin l'épargne et le ménage, craignant aussi qu'on ne chargeât les demoiselles de trop d'ouvrage dans la maison, me marqua combien cela lui faisait de peine : « Je suis très persuadée, me dit-elle, que, dès que j'aurai parlé sur cela, on y remédiera ; je ne suis point en peine qu'on y manque ; j'ai bien plus à craindre, au contraire, qu'on ne se porte trop tôt à ce que je veux ; mais ce qui m'afflige, c'est la crainte que j'ai pour l'avenir, et la pente qu'on aura peut-être à retomber dans ce que je reprends aujourd'hui, car si on s'y laisse aller de mon temps, que ne fera-t-on point un jour ? Cependant, quelle injustice serait-ce ? Quoi ! si ces pauvres enfants ne se plaignent pas, si elles souffrent tout sans dire un mot, faudrait-il pour cela retrancher et prendre sur elles ? Et quoique ce qui est réglé pour leur habillement soit très simple, trouver encore à diminuer quelque chose, et cela pour de petits ménages qu'on peut appeler de vraies vilenies, des lésines et des ravauderies pitoyables ! Car, en vérité, ma sœur, quand vos grandes filles, par exemple, ont porté plus d'un an leurs habits, il est excessif de les faire durer encore aussi longtemps sur les petites ; c'est ce que je ne puis souffrir. Il en est de même de je ne sais combien d'autres choses que l'on a poussées à un tel degré, depuis quelque temps, que je ne sais comment on peut fournir aux raccommodages, car voilà ce que cela fait : on rapetasse continuellement, sans songer que si d'un côté cela épargne quelque chose, on y met tant de soie, de fil et de temps, que l'un revient bien à l'autre.

» Qu'est-ce encore que cet honneur que les maîtresses se sont fait de faire tant d'ouvrage dans leurs classes ? Elles n'ont qu'à le laisser si on leur en donne trop et on les presse excessivement ; qu'elles aillent à la supérieure et qu'on fasse faire au dehors ce qui embarrasse ; pourquoi se piquer de faire faire tout dans la maison ? Vos demoiselles n'ont-elles pas assez de temps à travailler dans leur règlement, sans les faire lever plus matin pour qu'elles le fassent encore davantage? Sont-elles des ouvrières? le roi vous les a-t-il données pour cela? et croyez-vous leur avoir rendu un bon service quand vous leur avez montré à bien faire des manteaux? Il leur est bien meilleur qu'elles sachent faire un peu de tout. Vous les pressez, vous les poussez vous-mêmes, et qu'en arrivera-t-il? c'est qu'au milieu de cela vous ne pouvez les bien élever. Comment voulez-vous qu'elles vous écoutent et leur parler vous-mêmes comme il faut, quand vous n'avez, comme elles, dans la tête, que l'envie d'avoir fini votre tâche? Cet empressement-là ne vaut rien, il faut un peu de tranquillité.

» Revenons à l'épargne; prenez-la pour vous, qui êtes religieuses; ménagez une chemise, une guimpe; portez des pièces à vos habits, cela convient fort à votre vœu de pauvreté; mais je ne crains point que vous poussiez cela trop loin pour la communauté. Je crois bien que vous ne manquez de rien en santé et en maladie, et si on retranchait quelque chose, on verrait peut-être bien à tort des représentations; mais, parce que les demoiselles ne disent mot, fera-t-on des ménages pitoyables pour elles sur le linge, sur des draps? les laissera-t-on pourrir aux lits de certains enfants qui ont des incommodités, ce qui fait après cela qu'on ne les peut blanchir? On retranche leurs rubans, leurs gants; et ce qui m'inquiète, c'est qu'on sera toujours tenté d'y revenir, car, pour peu qu'on leur ôte, cela ne laisse pas d'être considérable à cause du grand nombre, et encore une fois, voilà ce que je crains pour l'avenir. Cependant, il faudrait s'en tenir à ce qui a été réglé, qui ne peut être plus simple; je vous assure que rien n'aurait si mauvaise grâce que de vous voir, vous autres, bien étoffées, bien vêtues et bien en linge blanc, pendant qu'elles seraient dans la saleté et la négligence. Quand il viendra des temps bien misérables et bien fâcheux, où il faudra faire faire des retranchements, qu'on les fasse d'abord sur la communauté; qu'on vous voie un peu éguenillées; qu'on diminue vos portions; et puis, quand vous aurez fait cela du temps, je vous permettrai de voir s'il faudrait de là passer à faire de même aux demoiselles. Mais que vous soyez bien traitées en tout, et qu'on ne prenne que sur elles, c'est une injustice que les supérieures ne doivent jamais souffrir. Souvenez-vous donc de tout ceci dans la suite, et veillez, vous qui êtes maîtresse générale, à tous les besoins de vos filles. Il faut qu'elles soient traitées selon vos règlements; il n'y a rien en vérité à retrancher; parlez pour elles, regardez si elles n'ont pas ce qu'il leur faut, représentez-le à la supérieure; mais que je vous plains quand dans la suite du temps il faudra peut-être que vous ayez sur cela recours à un visiteur, à un évêque, parce que vous ne serez pas toutes d'accord, et qu'une supérieure, par exemple, et la maîtresse générale seront d'avis différents; que l'une voudra trop d'épargne et fera taire celle qui voudra soutenir l'intérêt des demoiselles! Dès que vous en serez là, tout ira bien mal, et vos filles seront bien à plaindre, car une particulière ne peut faire autre chose que d'avertir de ce qu'elle voit, de représenter à la supérieure : si on ne l'écoute pas, il faut bien qu'elle se taise, et que pour tout remède elle attende la visite. Mais quel secours peut donner le visiteur qui ne voit pas les choses par lui-même, et qui souvent est bien embarrassé à démêler la vérité et nécessité des divers avis qu'il reçoit? Au nom de Dieu, ma chère fille, inspirez à vos jeunes sœurs ce soin et ce zèle, pour que les demoiselles soient toujours aussi bien traitées que vos fondateurs l'ont prétendu, et que le bon esprit de les regarder en tout comme le premier objet de la fondation et de l'institut se perpétue à jamais dans votre maison. »

INSTRUCTION AUX DEMOISELLES DE LA CLASSE JAUNE.

(Qu'il y a un véritable contentement à servir Dieu.)

24 août 1711.

Madame de Maintenon, ayant fait lire la vie de saint Augustin, fit remarquer aux demoiselles le trouble dont il était agité avant qu'il fût déterminé à être entièrement à Dieu, et en prit occasion de les assurer qu'il n'y a de paix et de joie que dans la piété, que c'est une erreur de se persuader qu'en se rendant dévote on renonce à la joie et aux plaisirs pour mener une vie triste; qu'au contraire il n'y a personne de si content que ceux qui sont à Dieu, parce que la joie de la bonne conscience, l'assurance d'être dans la voie du salut, le plaisir de sentir qu'on plaît à Dieu, est mille fois plus doux que le plaisir qu'on trouve à contenter ses passions, qui est toujours suivi de remords. Elle leur prouva cela par une comparaison familière : « N'est-il pas vrai, Martinville, dit-elle en adressant la parole à cette demoiselle, que si je vous disais : Mon enfant, jeûnez aujourd'hui pour l'amour de moi, vous me ferez plaisir, je vous en tiendrai compte ; vous vous feriez une joie de vous rendre ce témoignage à vous-même : Je donne à madame de Maintenon une marque de mon amitié, je lui plais, je lui fais plaisir. Cette pensée vous donnerait sans doute plus de joie que vous n'en auriez de satisfaire votre appétit, car je suppose que vous avez le cœur assez bien fait pour cela. Si vous êtes ainsi disposée pour une créature, aurez-vous peine à croire ce que dit saint Augustin, qu'il y a un plaisir véritable à se priver de tous plaisirs défendus, et même permis, pour l'amour de Dieu? — Mais, répliqua mademoiselle de

Verdille, n'y aurait-il pas de l'orgueil à se persuader qu'on fait quelque chose qui plaît à Dieu? — Non, dit madame de Maintenon, puisqu'il nous assure lui-même que les œuvres vertueuses lui sont agréables, et qu'il nous en tiendra compte. — Mais, dit mademoiselle de Saint-Pol, je pourrais donc penser que je suis une petite sainte? — Non, dit madame de Maintenon, quelques bonnes œuvres que vous fassiez, il s'en faut bien que vous approchiez de ce qu'ont fait les saints, et si Dieu vous fait la grâce de le devenir, comme je l'espère, il vous en coûtera bien davantage; mais vous pouvez du moins vous réjouir dans la pensée que vous êtes dans le chemin qui conduit à la sainteté, et que vous y arriverez si vous êtes fidèle à le suivre. Il vous est permis de penser avec plaisir que si vous ne vous en détournez point au-dedans par des péchés intérieurs, car je suppose que vous n'en pouvez faire d'autres bien considérables, vous mènerez une vie innocente, et qu'on peut même appeler une vie d'ange. Tous vos exercices sont pieux, vous ne lisez que de saints livres, tout vous porte à Dieu, on vous en parle, vous en parlez; si vous accompagnez ces exercices extérieurs d'un cœur fidèle et qui aime Dieu, qui ait intention d'agir pour lui, vous pouvez vous assurer que vous lui êtes agréable, et dans la voie du salut. Est-il un plaisir plus doux que de pouvoir, avec fondement, se rendre ce témoignage : Je puis espérer que je plais à Dieu, et que je suis dans la bonne voie? Non, mes enfants, il n'y a point d'orgueil dans cette espérance, pourvu qu'on reconnaisse que cette bonne disposition vient de lui. L'orgueil serait de se l'attribuer à soi-même, de compter sur ses propres forces, et de se persuader qu'on aura assez de courage et de force d'esprit pour soutenir la vie dévote quand on l'aura une fois entreprise. »

NSTRUCTION A UNE DEMOISELLE DE LA CLASSE BLEUE.

1713.

Vous voulez que je vous écrive ce que je vous ai dit tantôt sur la piété que je vous désire, et des moyens que je vous ai conseillés pour y parvenir ; les voici : l'éloignement du péché, la présence de Dieu, la docilité à se laisser conduire. Je crois que l'éloignement du péché est ce qu'il y a de moins suspect et de plus solide dans la piété; les grands péchés nous perdent, les petits déplaisent à Dieu, et nous conduisent peu à peu dans les grands ; laissez-les tous, et évitez-en les occasions. Vous dites que vous manquez de courage; demandez-le à Dieu, mais c'est le tenter que de s'exposer à l'occasion, et de vouloir qu'il vous donne le courage pour y résister. Evitez les personnes légères et indévotes : elles seraient dangereuses quand votre piété et votre âge seraient plus avancés.

Soyez fidèle à la présence de Dieu, il vous y convie : si vous êtes honteuse de lui, il le sera de vous ; la présence de Dieu vous empêchera de l'offenser, elle vous unira à lui tous les jours de plus en plus, et à la fin vous transformera en lui.

Gardez-la sans inquiétude et sans chagrin, vous y remettant de temps en temps avec une grande douceur et une profonde paix; laissez-vous conduire; consultez de bonne foi; ne consultez que dans vos besoins; ne cherchez point à discourir; parlez peu, appliquez-vous à vous corriger, adressez-vous à Dieu sur toutes les choses, montrez à votre confesseur ce que vous croyez que Dieu vous demande, et soit qu'il vous ordonne quelque chose ou non, consultez vous par l'obéissance. Dieu ne voulut que la volonté d'Abraham, et le récompensa du sacrifice qu'il ne fit pas.

Accoutumez-vous à vous appliquer les instructions que vous entendez tous les jours : on ne vous les donne pas pour vous apprendre à les redire, mais pour les pratiquer dans toutes les occasions ; or, il est certain que si vous voulez en profiter et les mettre dans votre cœur plutôt que dans votre mémoire, vous en avez pour vous former une piété droite et essentielle.

Je prie Dieu de tout mon cœur de vous faire pratiquer les résolutions que vous voulez écrire dans ce livre.

Ecrivez peu, renoncez à l'esprit, et entretenez-vous avec Dieu le plus que vous pourrez.

MAXIMES

Que madame de Maintenon prenait la peine d'écrire à la tête des cahiers des jeunes demoiselles de Saint-Cyr, pour leur servir d'exemples d'écriture.

Accoutumez-vous à l'humeur des autres, sans espérer de les accommoder à la vôtre.

Accoutumez-vous à être seules.

Accoutumez-vous de bonne heure à être secrètes.

Aimez la présence de ceux qui vous reprennent, et que votre conduite soit égale quand ils vous voient et qu'ils ne vous voient pas.

Ayez de la reconnaissance pour tous ceux qui vous ont fait du bien.

Aimer Dieu et votre état est le seul bonheur.

Cherchez la vérité en tout.

Contribuez à la paix autant qu'il vous sera possible.

Dieu sait mieux ce qu'il vous faut que vous-mêmes.

Ecoutez toujours et ne parlez guère.

Aimez à faire plaisir et ne mentez jamais.

Elevez souvent votre cœur à Dieu.

Il n'y a de véritable malheur que d'avoir tort.

Il n'y a rien de honteux que de mal faire.

Il n'y a point d'état qui n'ait ses peines, et souvent plus grandes que les vôtres.

Il n'y a de vrai bonheur que de se conformer à la volonté de Dieu.

La fortune est inconstante ; la vôtre est mauvaise présentement, c'est une raison pour espérer qu'elle deviendra bonne.

Le plus grand de tous les plaisirs est d'en pouvoir faire.

La véritable pénitence est de recevoir de bon cœur et d'aimer les peines que Dieu nous envoie.

Les souffrances et les afflictions qui nous viennent de Dieu lui sont plus agréables que les mortifications que vous choisiriez.

Les réprimandes que l'on fait aux jeunes gens sont de véritables marques de l'amitié qu'on a pour eux.

La mort nous égalera tous, il n'y aura plus que nos bonnes œuvres qui y mettront la différence.

N'ayez d'inquiétude que pour votre salut, le reste est trop incertain pour s'en mettre en peine.

N'ayez jamais envie de voir ni d'entendre ce que l'on veut vous cacher.

Ne dites jamais rien qui puisse désunir.

N'oubliez jamais Dieu ; et si on ne vous laisse pas assez de temps pour le prier, pensez à lui.

N'enviez point les richesses, puisqu'il faut s'en détacher pour faire son salut.

Offrez à Dieu toutes vos actions.

Obéissez exactement à vos supérieurs, sans vouloir examiner s'ils ont tort ou raison.

Prenez de bonnes habitudes : il n'y en a point qui ne deviennent douces, quelque pénibles qu'elles vous paraissent d'abord.

Faites un bon usage de tout ce que l'on veut bien que vous voyiez et entendiez.

Prenez toujours la dernière place ; il vaut mieux être appelé que chassé.

Rendez-vous le plus capables que vous pourrez, car vous ne savez à quoi Dieu vous destine.

Ne soutenez jamais votre opinion avec opiniâtreté.

Rendez-vous si vous trouvez que vous ayez tort ; il y a plus de grandeur à se rétracter qu'à soutenir une mauvaise cause.

Ne vous souvenez de votre noblesse que pour être plus vertueuses.

Ne confondez pas la mauvaise gloire avec la bonne.

Ne faites jamais dépendre votre bonheur des autres.

Ne soyez jamais pressées de redire ce que vous avez appris, à moins qu'il ne soit utile à quelqu'un.

Ne vous plaignez pas, car vous avez tout ce qui vous est nécessaire, et mille personnes manquent de tout.

Ne vous familiarisez jamais avec les hommes : la modestie est le partage des personnes de notre sexe.

Ne vous affligez pas de votre mauvaise fortune, mais songez à vous rendre dignes d'une meilleure.

Nous parvenons souvent à ce que nous avons désiré, et nous n'en sommes pas plus heureux.

Rendez-vous à la raison aussitôt que vous la voyez.

Soyez raisonnables, ou vous serez malheureuses.

Si vous vous mettez bien dans l'esprit qu'il est inévitable de souffrir, vous en souffrirez beaucoup moins.

Soyez sévères pour vous et indulgentes pour les autres.

Si vous ne pouvez donner l'aumône aux pauvres, donnez-leur vos prières, vos soins et des consolations.

Souvenez-vous de l'obole de la pauvre veuve; elle fut plus agréable à Dieu que les grandes aumônes des riches.

Si vous voulez être agréables à Dieu, obéissez à ses lois.

Si vous voulez être agréables dans la conversation, ne parlez guère de vous.

Souffrez beaucoup avant que de vous plaindre.

Si vous ne profitiez de votre bonheur, vous vous en repentiriez un jour bien inutilement.

Si vous voulez être heureuses, regardez ceux qui sont au-dessous de vous et non pas ceux qui sont au-dessus.

Sachez bon gré à tous ceux qui vous reprennent; il n'y a personne qui n'aimât mieux vous flatter que de vous reprendre.

Si vous sentez de la joie quand on vous reprend, croyez que vous aurez du mérite.

Si vous ne perdiez jamais de temps, vous seriez bientôt capables.

Soyez sobres, et ne soyez jamais occupées de vous que pour songez à éviter tout ce qui pourrait déplaire à Dieu et aux honnêtes gens.

Pour être agréable aux autres, il faut s'oublier.

Soyez g. ies, et non pas évaporées.

Soyez ravies de faire quelque chose pour Dieu.

Si vous êtes orgueilleuses, on vous reprochera votre misère, et si vous êtes humbles, on se souviendra de votre naissance.

Il faut que des filles se modèrent toujours, et qu'elles gardent une conduite qui fasse voir qu'elles sont maîtresses d'elles-mêmes.

Il faut souffrir avec patience ce que la justice de Dieu veut que nous souffrions de l'injustice des hommes.

Pour bien commander, il faut savoir bien obéir.

La plus grande parure de notre sexe est la modestie.

Il n'y a que Dieu qui puisse vous donner le courage de soutenir votre mauvaise fortune.

Regardez ceux qui vous reprennent comme vos véritables amis.

C'est un mauvais caractère que celui de grand parleur.

On raille souvent les filles sur leur timidité, mais on les en estime davantage.

Il est difficile de parler beaucoup sans dire des sottises.

Si vous voulez être aimées, occupez-vous plus des autres que de vous-mêmes.

Rien ne déplaît tant qu'une fille hardie.

Les vertus chéries de Notre-Seigneur sont l'humilité et la douceur.

Travaillez sans cesse, mais sans affectation.

En quelque condition qu'une fille soit, le goût de l'ouvrage lui est nécessaire.

Vous ne serez véritablement raisonnables qu'autant que vous serez à Dieu.

Religieuses ou séculières, il faut haïr le monde, si vous voulez être chrétiennes.

Le monde n'est pas tous ceux qui ne sont pas enfermés dans les couvents, mais ceux qui ne vivent pas suivant l'Evangile.

On se sauve dans le monde quand on observe la loi de Dieu.

Aimez à faire plaisir, craignez de fâcher.

L'empressement de parler vient de légèreté ou de vanité.

Dites le moins que vous pourrez de choses inutiles.

Parler pour se réjouir honnêtement n'est pas inutile.

Choisissez d'être incommodées plutôt que d'incommoder.

Soyez simples dans toute votre conduite.

Que votre conscience soit simple et sincère.

Le jour où vous n'avez rien fait pour Dieu est perdu.

Aimez à contenter toutes les personnes avec qui vous vivez, et surtout celles de qui vous dépendez.

Ne troublez jamais la paix, n'aigrissez personne.

Soyez capables de secret, ne soyez jamais pressées de parler.

Vous déplairez à Dieu si vous cherchez à plaire au monde.

Si vous connaissiez le monde, vous le haïriez.

Notre-Seigneur a prié pour ceux qui le crucifiaient, et il n'a pas prié pour le monde.

Vous ne serez heureuses qu'en aimant Dieu.

Songez que Dieu vous a choisies entre mille pour être élevées dans sa maison.

Prenez la bonne habitude de remplir tous les moments de la journée.

Ne faites et ne dites rien que vous ne vouliez bien qu'on sache.

Les filles bien élevées ne parlent jamais bas à l'oreille de qui que ce soit.

Ayez une conduite ouverte, simple, franche, et éloignée de tout mystère.

MAXIMES DE MADAME DE MAINTENON

Pour servir à l'éducation des demoiselles qu'elle prend soin de faire élever dans la vertu.

Votre plus grand bonheur n'est pas de subsister, c'est d'être instruites comme vous l'êtes.

Si vous croyez le conseil des gens sages, vous aurez de bonne heure ce qu'ils n'ont acquis qu'en vieillissant.

Louez ce que vous trouvez digne de louanges, mais ne blâmez jamais.

Mettez votre confiance en Dieu, et ne vous inquiétez point de l'avenir.

Votre sexe vous oblige à l'obéissance : vous ne sauriez trop vous y accoutumer.

Pensez souvent à ce que vous devez à Dieu, et de quel état il vous a tirées.

Les personnes qui s'accommodent le mieux de la familiarité aiment encore mieux le respect.

Il faut obéir avant de vouloir commander.

Dites toujours ce qui peut plaire, et jamais ce qui peut brouiller.

Ecoutez toujours et ne parlez guère.

Vous faites tous les jours votre examen de conscience à l'égard de Dieu, faites-en un à l'égard des hommes pour votre conduite.

Ne vous couchez jamais sans avoir appris quelque chose.

Rendez-vous à la raison aussitôt que vous la voyez.

Cherchez en Dieu ce qui peut vous contenter.

Si vous n'apprenez étant jeunes, vous en serez fâchées étant vieilles.

Ne perdez point de temps, vous en serez plus habiles et plus heureuses.

On aime mieux plaire en flattant, que se faire haïr en réprimant.

Si vous vous mettez bien en l'esprit qu'il faut souffrir, il est indubitable que vous en souffrirez moins.

Les réprimandes qu'on fait aux jeunes gens sont les véritables marques de l'amitié qu'on a pour eux.

Traitez les autres comme vous voudriez être traitées.

Apprenez a obéir, car vous obéirez toujours.

Il faut offrir toutes vos actions à Dieu dès le matin, et lui demander la grâce de profiter des bonnes instructions qu'il vous envoie.

Ne soyez jamais cause d'aucunes querelles, et contribuez à la paix autant qu'il vous sera possible.

N'oubliez jamais Dieu, et si l'on ne vous laisse assez de temps pour le prier, pensez à lui.

Dites : pourvu que je sois trouvée agréable devant Dieu, peu m'importe de plaire aux yeux du monde.

Il faut acquérir les biens de ce monde sans passion, les posséder sans attache, et les perdre sans regret.

FIN.

TABLE.

AVIS, LETTRES ET ENTRETIENS.

NOTE SUR CETTE ÉDITION. v

Aux demoiselles qui doivent retourner dans le monde. — 1692. 7

Conseils aux demoiselles de Saint-Cyr, pour leur conduite dans le monde. — 1698. 10

Sur les amitiés dans le monde, et la perfection qu'une chrétienne y peut atteindre. — 1698. 11

Sur les devoirs d'une dame de paroisse. — 1698. 16

De la bonne réputation. Peines du mariage, et comment il faut les supporter. — 1702. 19

Aimer à faire plaisir, et à se rendre utile. — 1702. 25

A mademoiselle d'Osmond, devenue épouse de M. le marquis d'Havrincourt. — 24 février 1705. 28

A une demoiselle qui sortait de Saint-Cyr. — 1705. 30

La bonne gloire. — 1706. 41

Le monde. — 1707. 44

L'amour de la parure. — 1708. 47

Dangers des occasions. — 1710. 51

Il y a de la peine dans tous les états. — 1710. 54

Peu parler, et se rendre capable de tout. — 1711. 56

Plan de vie d'une femme chrétienne. — 1712. 59

Conduite que les demoiselles de Saint-Cyr doivent garder dans le monde, lorsqu'elles y retournent à dessein de s'y établir. — 1717. 60

Dialogue entre la princesse Pulchérie et un Solitaire. 67

CONVERSATIONS.

Sur la bonne humeur. 78
Sur la société. 84
Sur les vertus cardinales. 88
Sur le mensonge. 94
Sur l'ajustement. 99
Sur l'amour-propre. 105
Sur le travail. 111
Sur la douceur. 115
Sur les répugnances. 121

PROVERBES.

Les femmes font et défont les maisons. 125
Tant vaut l'homme, tant vaut sa terre. 133
Il n'est rien de si orgueilleux qu'un gueux revêtu. 138
A brebis tondue Dieu mesure le vent. 146
Méchant ouvrier n'a jamais bon outil. 151

EXTRAITS DES LETTRES SUR L'ÉDUCATION.

Maximes pour les pauvres filles de Rueil. — 1682. 158
Education des demoiselles de la maison de Saint-Louis. — 1686. 159
Instructions aux dames de Saint-Louis sur l'éducation des demoiselles. — 1er août 1686. 161
Maximes ou notes sur l'éducation. — 1690. 165
Lettre à madame de Veilhant. — Décembre 1691. 169
Lettre à mademoiselle d'Aubigné. — Chantilly, 11 mai 1693. 172
Instruction faite à la classe rouge. — 1701. 174
Instruction aux demoiselles de la classe jaune. —1702. 178
Instruction aux demoiselles de la classe verte. — Mars 1703. 180
Instruction aux petites demoiselles qui avaient fait ce jour-là leur première communion. — Juin 1703. 183
Entretien avec la classe verte. — 1703. 187

Lettre aux premières maîtresses. — 4 mars 1704. 189
Entretien avec les dames de Saint-Louis. — Juin 1704. 192
Instruction aux demoiselles de la classe verte. — Juin 1704. 193
Lettre à madame de Berval. — 6 octobre 1704. 197
Lettre à madame de Bouju, première maîtresse de la classe jaune. — Décembre 1704. 198
Instruction aux demoiselles des deux grandes classes. — 1704. 200
Instruction aux demoiselles de la classe bleue. — Juin 1705. 204
Instruction aux demoiselles de la classe jaune. — 18 avril 1706. 209
Instruction aux demoiselles de Saint-Cyr. — 1706. 212
Instruction aux demoiselles de la classe bleue. — 1709. 216
Entretien avec les dames de Saint-Louis. — 1709. 220
Entretien avec madame de Glapion, alors maîtresse générale des classes. — 30 janvier 1711. 222
Instruction aux demoiselles de la classe jaune. — 24 août 1711. 226
Instruction à une demoiselle de la classe bleue. — 1713. 228
Maximes que madame de Maintenon prenait la peine d'écrire à la tête des cahiers des jeunes demoiselles de Saint-Cyr, pour leur servir d'exemples d'écriture. 229
Maximes de madame de Maintenon pour servir à l'éducation des demoiselles qu'elle prend soin de faire elever dans la vertu. 234

FIN DE LA TABLE.

Limoges. — Imp. Eugène Ardant et Cie.

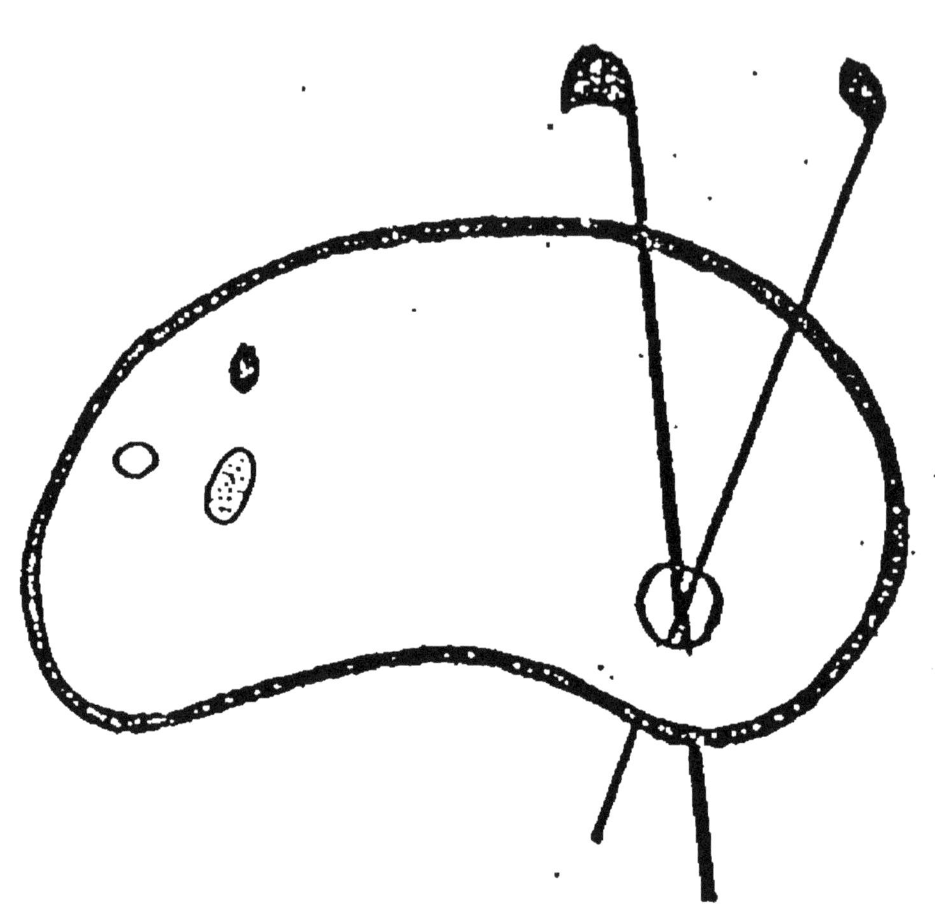

www.ingramcontent.com/pod-product-compliance
Ingram Content Group UK Ltd.
Pitfield, Milton Keynes, MK11 3LW, UK
UKHW012207240726
13966UKWH00002B/621

9 782012 880917